EMPRESÁRIO de SUCESSO
no controle das crises

Título original: *Confessions of an Entrepreneur*
Copyright © Chris Robson, 2010
Copyright © Editora Lafonte Ltda., 2020

Todos os direitos reservados.
Nenhuma parte deste livro pode ser reproduzida sob quaisquer meios existentes sem autorização por escrito dos editores.

Edição brasileira

Publisher *Janice Florido*
Editoras *Fernanda Cardoso, Elaine Barros*
Editora de arte *Ana Dobón*
Diagramação *Linea Editora Ltda.*

Imagem de capa Shutterstock

```
Dados Internacionais de Catalogação na Publicação (CIP)
          (Câmara Brasileira do Livro, SP, Brasil)

Robson, Chris
   Empresário de sucesso no controle das crises /
Chris Robson ; tradução Carlos Szlak. -- São Paulo :
Lafonte, 2020.

   Título original: Confessions of an entrepreneur
   ISBN 978-65-86096-03-3

   1. Avaliação de riscos 2. Empreendedorismo
3. Novos negócios - Empresas 4. Sucesso em negócios
I. Título.

20-34583                                    CDD-658.11
```

Índices para catálogo sistemático:

1. Novos negócios : Administração de empresas   658.11

Cibele Maria Dias - Bibliotecária - CRB-8/9427

Editora Lafonte
Av. Profª Ida Kolb, 551, Casa Verde, CEP 02518-000, São Paulo-SP, Brasil – Tel.: (+55) 11 3855-2100
Atendimento ao leitor (+55) 11 3855-2216 / 11 3855-2213 – atendimento@editoralafonte.com.br
Venda de livros avulsos (+55) 11 3855-2216 – vendas@editoralafonte.com.br
Venda de livros no atacado (+55) 11 3855-2275 – atacado@escala.com.br

Impressão e Acabamento
Gráfica Oceano

Chris Robson

EMPRESÁRIO de SUCESSO
no controle das crises

Tradução
Carlos Szlak

Brasil • 2020

Lafonte

*Este livro é dedicado à minha mulher, Jo,
que me deu força, ajuda e amor e suportou
minha obsessão pelo meu negócio.*

Sumário

Introdução 9
Sobre os empreendedores 15
Agradecimentos 21

Parte I — Prepare-se para a batalha 23
Capítulo 1 — Irmãos de sangue 25
Capítulo 2 — Gênio ou loucura 32
Capítulo 3 — Contando histórias 37
Capítulo 4 — Um cordeiro sacrificial 44
Capítulo 5 — Aproveite as altas para enfrentar as baixas 50

Parte II — Suportando a pressão 57
Capítulo 6 — Cortando e voltando a cortar 59
Capítulo 7 — Fatiando o cordeiro 64
Capítulo 8 — Amigos, aliados e mentores 69
Capítulo 9 — Quando a inveja é uma coisa boa 75
Capítulo 10 — Amigos ou sócios? 80

Parte III — Na zona de perigo 87
Capítulo 11 — Desafiando as próprias suposições 89
Capítulo 12 — Amando o intermediário 95
Capítulo 13 — Sem saber 98
Capítulo 14 — Seguindo sua intuição 104
Capítulo 15 — Encontrando seu norte 109
Capítulo 16 — Não mime a criança 114

Parte IV — Anoitecer ou amanhecer?........................... 121
  Capítulo 17 — Criando a família certa......................... 123
  Capítulo 18 — No vermelho ou no preto...................... 129
  Capítulo 19 — Matando seu bebê................................ 135
  Capítulo 20 — Champanhe... 140
  Capítulo 21 — Saindo do buraco.................................. 145
  Capítulo 22 — Gol de placa 149

Resumo — Agridoce 155

Introdução

DO QUE SE TRATA?

Este não é um livro sobre elaborar um plano de negócios ou escolher a ideia certa para uma empresa. Esses livros já existem. Este não.

Este é um livro acerca das questões emocionais que são ignoradas por outros livros de negócios: os sacrifícios feitos, a luta para escolher e trabalhar com os sócios certos, a pressão da incerteza e do possível insucesso, os ápices vertiginosos e viciantes do sucesso, o desafio de desenvolver e motivar uma equipe: tudo aquilo que você vivenciará ao criar uma nova empresa. Trata da jornada que todos os empreendedores têm de assumir. E você precisa aprender a gostar da jornada, e não apenas do destino, para se tornar um grande empreendedor.

POR QUE ESCREVI ESTE LIVRO?

Quis revelar essa jornada, contando toda a verdade. Para ajudá-lo a entender e sentir o que é ser um empreendedor. Quis mostrar como é, sem floreios; escrevi este livro "ao vivo", enquanto atravessava minha jornada rumo ao desenvolvimento de uma nova empresa. Também quis ampliá-la, para que não fosse apenas minha história. Então, passei algum tempo com outros empreendedores para assimilar *insights* inestimáveis. Você descobrirá tudo aquilo que é necessário, tudo o que você tem de enfrentar ao iniciar um negócio. É a jornada emocional que ninguém nunca me contou. Se alguém tivesse me contado, talvez minha vida tivesse sido muito diferente.

Acredito ter entendido mais acerca do impacto emocional de criar um negócio quando o comecei, especialmente o preço a pagar e o tempo consumido. Acho que esse preço a pagar é um rito de passagem para qualquer empresário do século 21. Uma empresa pode ser vista em qualquer lugar do mundo, e qualquer pessoa pode copiar uma ideia; é uma loucura de 24 horas por dia, 7 dias por semana, e tudo o que isso acarreta. Este livro não é a respeito de como evitar a loucura; isso é impossível, mas ajudará você a navegar por ela.

COMO É ESTRUTURADO E POR QUÊ?

O início das atividades de uma empresa pode durar menos de um ano para algumas pessoas e mais de cinco para outras, mas o processo é parecido, independentemente da duração. O livro é organizado em quatro partes, para refletir esse processo. A primeira enfoca a agitação e a ansiedade sentidas antes do início. A segunda investiga a pressão inevitável que começa a aflorar à medida que as coisas se põem em movimento. A terceira parte aprofunda a questão da pressão: quando as coisas começam a ficar difíceis e você talvez tenha de viver sem saber o melhor caminho. E, finalmente, a quarta parte é quando emerge uma sensação de clareza e você sabe se o negócio viverá ou morrerá e de que forma; como você lida com isso e o que faz a seguir.

Cada capítulo se baseia em uma área emocional distinta, a fim de que você possa vivenciá-la como um empreendedor.

O QUE EU ENTENDO POR EMPRESA NASCENTE?

Na minha experiência, há três tipos de "novo negócio" e cada um conduz a uma jornada referente à nova empresa.

Em primeiro lugar, há a empresa nascente de profissionais empreendedores. Embora existam diversas definições, chamo de empreendedora a pessoa que inicia uma nova empresa, empreendimento ou ideia e assume responsabilidade considerável pelos riscos e resultados inerentes. Em outras palavras, é alguém que tem uma nova ideia: algo verdadeiramente diferente, algo inovador. É o Google ou o Innocent.

Introdução

Em segundo lugar, há uma empresa nascente associada a um modelo empresarial que já existe e está estabelecido. Como iniciar um escritório de advocacia, uma agência de publicidade ou uma construtora. Nesse caso, a ideia raramente é nova ou diferente, embora possa ser melhor, mas os riscos ainda podem ser grandes.

Em terceiro, há a compra de uma participação acionária. Isso envolve risco pessoal, predominantemente financeiro, mas a grande vantagem é que a empresa é bem estabelecida em um mercado empresarial instituído.

Trato basicamente do primeiro tipo, mas falarei a respeito de pessoas do segundo. Em geral, as ideias dos profissionais empreendedores apresentam menos prova de mercado, mais risco e mais estresse. No entanto, todos os três tipos de negócios possuem questões emocionais. Não é um julgamento acerca do que é melhor. Todos os tipos têm seu lugar e todos podem ser recompensadores, mas frequentemente as pessoas que montam uma empresa nascente de profissionais empreendedores dispõem de menos experiência e conhecimento. Elas estão tentando algo novo. É um projeto no devido tempo, mas é o momento certo? Elas tiveram a ideia correta? O modelo de negócios é claro? Elas fizeram isso antes? Quase sempre, a resposta para cada uma das perguntas é não.

UM POUCO DA MINHA HISTÓRIA

Ao começar a escrever este livro, criei uma nova empresa, a You Wish, com a profunda convicção de que tinha todos os ângulos cobertos. Fiquei muito estimulado ao colocar o plano em prática. Mal podia esperar para deixar meu emprego muito bem remunerado. Estava indo conquistar o mundo. Possuía uma ideia inovadora. Afinal, tinha vinte anos de experiência empresarial. Fui o diretor de conselho mais jovem da agência de propaganda DMB&B. Criei e vendi a syzygy AG, empresa de serviços digitais pan-europeia, por 240 milhões de euros, em 2000, na Bolsa de Valores de Frankfurt, no final do *boom* das empresas ponto-com. Fundei a Ink, atualmente a maior produtora mundial de mídia veiculada a bordo de aviões. Revolucionei a Edengene, consultoria de estratégia e inovação. Ao longo dos anos, prestei consultoria e apresentei soluções para diversas das maiores corporações mundiais, como Disney, Coca-Cola, Barclays, Santander, Citroen e Daimler Chrysler. Aprendi a partir de meus reveses. Tive histórias de guerra empresarial e sempre resisti.

Minha jornada, como a da maioria dos empreendedores, não foi sem percalços, e o negócio final não é aquele que comecei. Mas isso diz respeito a ser um empreendedor: você nunca sabe inteiramente qual será o resultado final. E toda vez que você começa um novo empreendimento, tem de voltar o tempo todo ao início. Começar do zero novamente.

Na vida, ser um empreendedor é um nivelador assustador. Nasci em um ambiente privilegiado e frequentei Eton e Oxford, dois estabelecimentos de ensino da elite inglesa. Poderia ter seguido um caminho mais fácil, mas, por algum motivo insondável, sinto-me atraído, de vez em quando, por toda angústia de me lançar num negócio novo. Enquanto escrevo este livro, quero saber se meu último negócio afundará ou sobreviverá. Posso passar à terceira marcha, ou quem sabe à quinta? Minha vida melhorará se fizer isso? Neste momento, está diferente.

AS CONFISSÕES

Entrevistar os empreendedores retratados neste livro e escutar suas confissões foi bastante revelador. Traz os problemas à tona e revela diversos padrões e paralelos entre os empreendedores. Achava que os altos e baixos de minha jornada eram surpreendentes, mas fiquei boquiaberto diante das declarações dos outros empreendedores.

Sinto-me feliz por tantos empreendedores terem dedicado seu tempo para conversar tão aberta e honestamente em benefício de outras pessoas. Entrevistei de forma detalhada mais de vinte homens e mulheres, todos com experiências e níveis de sucesso e fracasso distintos. Conversei com todos acerca de suas jornadas únicas: os sacrifícios, os estresses, as incertezas e os triunfos. Todos fizeram comentários honestos, pertinentes e inestimáveis para a aprendizagem dos leitores. Embora, no livro, faça referências a diversas pessoas, incluí na seção "Sobre os empreendedores" apenas as pessoas que entrevistei detalhadamente.

UMA NOTA FINAL ANTES DE COMEÇARMOS

Não há garantia de sucesso no momento em que você inicia sua jornada: independentemente de quão bom você se ache e de quão genial você considere sua ideia. Quanto mais você se preparar para a montanha russa emocional, melhor. Minha história e as outras confissões aqui apresentadas são idealizadas para lhe dar um instantâneo do que vem a seguir; como se diz, mais vale um mal conhecido.

Boa sorte em sua busca. E, mais importante que tudo, mantenha sempre o senso de humor.

Sobre os empreendedores

Eu adoro a intensidade, a convicção e o entusiasmo dos empreendedores. Eles são pessoas muito diferentes. Eles desafiam e querem ser desafiados. De fato, a vida consiste de sonhos e ambições. Neste livro, quis tentar captar algo desse otimismo, dessa energia e dessa honestidade. Quis pessoas que fossem inteligentes e diversificadas em opinião e crença. Quis pessoas que confiassem em mim e estivessem preparadas para ser tão abertas e honestas como eu estava sendo. Quis pessoas que tivessem realmente trabalhado com isso por todos os meios. Não quis as faces empresariais típicas ou os heróis dos livros de negócios e os mitos e a badalação que os cercam. Quis ser cru e revelador: pedacinhos de *insight*, prazer e dor.

Quis captar, por meio da minha seleção de empreendedores, o fato de que homens e mulheres, muitas vezes, vivenciam a jornada empresarial de modo distinto.

Incluí empreendedores dos setores de moda, sistemas de perfis de temperatura, publicações, relações-públicas, varejo, processamento de alimentos, produção de tevê, recursos humanos, música, pesquisa de mercado, internet, *software*, hospitalidade e instalações hidráulicas. Admiro todas essas pessoas e muitas são amigas íntimas. Sinto-me honrado de ter analisado em profundidade suas jornadas. Espero que elas sintam o mesmo.

VICTORIA BAILLIEU é cofundadora da Pay Check, empresa especializada em terceirização de folha de pagamento para o setor privado, que se chamava Moneypenny Management. Victoria apresenta atitudes e compromissos práticos em relação ao seu negócio que seus clientes gostam muito.

JOHN BATES é professor-adjunto de empreendedorismo da London Business School, diretor da Sussex Place Ventures e, como empreendedor, é fundador, presidente e diretor administrativo da Datapaq, que se tornou a principal empresa mundial de sistemas de perfis de temperatura em ambientes térmicos hostis. John me inspirou na London Business School, possui a motivação e a persistência de um empreendedor e a clareza de um grande professor.

JANE BROWN estudou na Cordwainers College e fundou a Jane Brown Shoes, que desenha, fabrica e vende sapatos femininos de luxo. Jane é apaixonada por sapatos, mas é bastante franca a respeito das dificuldades de administrar um negócio de moda, fabricando e vendendo ao redor do mundo.

PETER CHRISTIANSEN é colega da escola de negócios e amigo, dotado de mente aguçada e grande gentileza. Ele é ex-diretor geral da Endemol UK e fundador da Zeal Television (produtora de tevê), da Speedshape (produtora de computação gráfica avançada para propaganda da indústria automobilística) e da Precious Media (agência de marketing de conteúdo).

MARK DE WESSELOW é cofundador do Square Meal, guia *on-line* e *off-line* do setor de restaurantes, eventos e bares. Velho amigo, ele enxergou essa oportunidade muito tempo antes do advento da internet. E demonstrou empenho genuíno, junto com Simon White, seu sócio, para tornar o negócio bem-sucedido.

HUGO DIXON, brilhante economista e jornalista do *Financial Times*, é ex-diretor da Lex. Foi eleito o melhor jornalista de negócios do ano 2000 no British Press Awards. É cofundador da Breakingviews, empresa de mídia, criada nesse mesmo ano, que fornece conteúdo financeiro para definição de pautas. Foi vendida para a Thomson Reuters em 2009.

JO FAIRLEY é ex-editora das revistas *Look Now* e *Honey* e cofundadora da Green & Black's, fabricante do primeiro chocolate orgânico do mundo, que depois foi vendida para a Cadbury. Jo quebrou todas as minhas regras e criou um negócio de sucesso com seu marido, Craig Sams, que é ótimo.

Sobre os empreendedores

GEOFFREY GESTETNER é um velho amigo e campeão de boxe por Oxford. Revela grande paixão pelo setor industrial, algo que é muito raro atualmente. Geoffrey e eu trabalhamos juntos na Hanson, mas ele tinha mais interesse em instalações hidráulicas do que eu. Ele é presidente da Cistermiser e Davidson Holdings. A Cistermiser projeta, fabrica e distribui produtos de controle de banheiros, incluindo válvulas para descargas de vasos sanitários e válvulas de torneiras com acionamento automático para ambientes industriais, comerciais e domésticos.

BILL GROSS é empreendedor em série e herói da internet. Pensador e inovador brilhante, montou e vendeu duas empresas de *software* antes de fundar a Idealab em 1996. Essa incubadora de empreendimentos da Califórnia cria, desenvolve e coloca em operação novas empresas. Como exemplo, formou e pôs em funcionamento 75 delas com 30 lançamentos de ações e aquisições.

GREG HADFIELD é meu ex-cliente na syzygy, amigo e entusiasta da internet. Ele é jornalista do *Sunday Times* e cofundador do *site* Soccernet (jornal *on-line* dedicado ao futebol, lançado em 1995, e vendido para a ESPN, em 1999) e do *site* Schoolsnet (diretório e portal *on-line* de escolas, lançado em 1999, e vendido para a Hotcourses).

TOM HADFIELD é filho de Greg e cofundador do Soccernet e do Schoolsnet. Na syzygy, ficamos todos muito impressionados com seu brilhantismo sereno, quando ele ainda estava na escola.

SEBASTIAN JAMES é empreendedor e cofundador da Silverscreen, cadeia varejista de locação de DVDs, e também cofundador da eSubstance, que se tornou a Ink Publishing. Atualmente, ele é diretor da Dixons (DSGI). É inteligente, analítico e divertido.

CLAIRE MASON é brilhante mulher de negócios e relações-públicas. Ela é fundadora da Man Bites Dog (Homem morde cachorro), consultoria de relações-públicas, que, em 2007, foi eleita a consultoria revelação do ano, no UK PR Week Awards. Ela é cheia de entusiasmo, como o divertido nome de sua empresa, e possui um foco espetacular.

SUE VAN MEETEREN é ex-vice-presidente da Research International e cofundadora da Jigsaw Research, agência de pesquisa de médio porte muito bem-sucedida para grandes organizações.

INGRID MURRAY é uma empreendedora em série aguçada e serenamente confiante. Ela é cofundadora do Inspop/Confused.com (*site* de comparação de preços de seguros para carros, que foi vendido para a Admiral Insurance) e da Ninah Consulting (consultoria de administração para marqueteiros, que foi vendida para a ZenithOptimedia), e fundadora do WeBuyNearby (novo supermercado *on-line*, que oferece alimentos frescos locais).

MATT NORTON é ex-colega da syzygy. Ele é inteligente e dedicado. Revelou elasticidade inacreditável e atitude empresarial como cofundador da Sentry Wireless, empresa de *software* de segurança para celulares.

LUCY O'DONNELL é fundadora da Lovedean Granola, primeira fabricante do Reino Unido de produtos com granola.

JEFFREY O'ROURKE é cofundador da eSubstance e, atualmente, presidente da Ink Publishing, maior produtora mundial de mídia veiculada a bordo de aviões, com mais de 40 revistas e clientes nos cinco continentes. A Ink Publishing nasceu da fusão entre a eSubstance e da Ink.

MATTHEW PAGE é um velho amigo, ex-corretor de imóveis do exército e, atualmente, empresário da Feeder, uma banda de rock.

WILLIAM REEVE é fundador e ex-presidente da LOVEFiLM, líder europeia de serviço de assinatura de locação de DVDs *on-line*, com mais de um milhão de assinantes e um volume de negócios de 100 milhões de libras esterlinas. William trabalhou na consultoria McKinsey e é um empreendedor em série.

ROLAND RUDD é jornalista do *Financial Times* e fundador da Finsbury Communications, criada em 1995 e vendida para a WPP em 2007. A Finsbury fornece informações financeiras mundiais para grandes empresas

(25% da empresas listadas na Financial Times & Stock Exchanges — FTSE) e para o índice Euro 300. Roland tinha o dom notável de discursar em Oxford e na Oxford Union, que admirava muito antes dos presidentes de diversas empresas.

VAUGHAN SMITH é cinegrafista de guerra, jornalista e fundador do Frontline Club, organização de hospitalidade e mídia, que dá apoio ao jornalismo independente, oferecendo alimentos e bebidas em troca de ideias. Compartilho o interesse de Vaughan por notícias do exterior. Ele é um empreendedor tenaz e empenhado.

NICK WHEELER é fundador da Charles Tyrwhitt, cadeia varejista multicanal de grande sucesso do setor de camisas, gravatas e ternos de qualidade. Nick dispõe de tenacidade e foco brilhantes.

OUTRAS REFERÊNCIAS

ICOMERA: empresa de *software* sueca, a primeira companhia do mundo a disponibilizar acesso sem fio a internet em trens públicos.

THIRD SPACE GYM: academia e centro médico completo em Londres.

YOU WISH: a primeira *concierge* de serviços gratuita do mundo.

YOU WISH GROUP: provedor de serviços digitais inovadores para grandes organizações.

Agradecimentos

Agradeço as pessoas mencionadas a seguir, sem as quais este livro não teria sido possível:

Sam Jackson, da Pearson, que, com humor e paciência, me orientou no fascinante processo de escrever um livro;

a todos os maravilhosos empreendedores que menciono neste livro, que foram tão sinceros e me proporcionaram muitos *insights*. Essa lista inclui: Bill Gross, John Bates, Roland Rudd, Hugo Dixon, Seb James, Janie Brown, Jo Fairley, Jeffrey O'Rourke, Ingrid Murray, Lucy O'Donnell, Peter Christiansen, Victoria Baillieu, Matthew Page, Sue van Meeteren, Greg Hadfield, Nick Wheeler, Matt Norton, Claire Mason, Vaughan Smith, Geoffrey Gestetner, Mark de Wesselow e William Reeve.

Parte I

Prepare-se para a batalha

ESSA É A FASE MAIS EMPOLGANTE DE TODA A JORNADA: PREPARAR-SE PARA EMPREENDER.

A tentação é se esquivar do detalhe e enfocar a grande ideia. No entanto, há certos conceitos básicos que você precisa conhecer para acertar. Há coisas que você terá ignorado ou subestimado. E muitas delas serão as questões mais brandas, mais emotivas.

- Quem são as pessoas que estão ao seu lado? São uma boa escolha? Você pensou se tem habilidades complementares e se pode contar com todas as habilidades de que precisa? Não há linha de partida até você fazer isso.
- Tudo bem, você gosta muito da ideia, mas ela vai se transformar em um bom negócio?
- Você consegue explicar o que está fazendo para um amigo no bar? Ele entende? É uma boa história? Se você não conseguir contar uma história empolgante, então talvez não esteja pronto.
- Sim, vai ser um sucesso. Eu sei que você acredita nisso. Mas você, de fato, pensou naquilo que vai precisar abrir mão para fazer sua ideia funcionar? Não será uma viagem tranquila. Você pensou a respeito do que está disposto a sacrificar, quer seja dinheiro, vida sentimental ou amigos? Com seriedade, algo será sacrificado. Talvez mais de uma coisa. Você sabe o que é?

- Seu reservatório emocional está cheio? Você está pronto para suportar essa pressão? Será muito fatigante.

Você precisa considerar isso como uma operação militar. Tem de se preparar corretamente. Necessita de todo seu kit para estar pronto para a batalha. Não faz sentido iniciá-la e descobrir que esqueceu o mapa.

O primeiro passo é resolver quem realmente está com você, e se as outras pessoas acham que formam um bom par com você. É como se casar. Você precisa tratar do assunto com muita seriedade. Depois de começar é difícil se separar.

Capítulo 1

Irmãos de sangue

QUEM DIVIDIRÁ AS DORES?

Em qualquer nova empresa, você precisa de um "cônjuge de negócios"; alguém que vai dividir as dores com você. Não pode ser um funcionário. Precisa ser um sócio comprometido financeiramente com o negócio. É fácil se entusiasmar assim que você tem a ideia e está nos primeiros dias do negócio, mas não é fácil achar empreendedores capazes de sobreviver sem um sistema sólido de apoio quando o negócio se desenvolve. A maior parte das vezes esse sistema de apoio vem dos sócios.

Mas o problema é que, muitas vezes, as pessoas acabam ficando com um sócio em vez de especificamente escolher um. Por algum motivo, as pessoas dedicam menos tempo para pensar sobre quem seria o sócio certo para o negócio e mais tempo sobre o que é o negócio. A decisão mais importante, porém, em qualquer nova empresa envolve pessoas. São elas que fazem ou quebram um negócio. Eis o motivo de os investidores comuns e os investidores de capital de risco enfocarem de modo tão firme a equipe de gerenciamento.

> Não caia na armadilha de não pensar muito sobre seus sócios. Isso gera problemas no futuro.

Assim, não caia na armadilha de não pensar muito sobre seus sócios. Isso gera problemas no futuro.

Sou fundador e diretor não executivo da Ink — ou da eSubstance, como era chamada antes —, atualmente a maior produtora mundial de mídia veiculada em aviões. A empresa começou com um modelo de negócios e uma equipe muito diferente daqueles que se tornaram tão bem-sucedidos. Jeffrey O'Rourke, presidente e criador da ideia, explicou que "escolhi as pessoas — a maioria delas conhecida — que pareciam funcionalmente corretas. Depois, quando o negócio não funcionou, enfrentamos uma situação muito mais difícil". Da equipe original de cinco executivos, somente dois sobreviveram. Os outros três não eram os profissionais certos para o negócio. Um era muito corporativo. Dois tinham as habilidades e os interesses errados para o negócio final. Tempo insuficiente foi despendido para contratar as pessoas certas. Você tem de ser brutal com você mesmo sobre a mistura correta de habilidades. Precisa dedicar mais tempo para encontrar os profissionais certos do que para qualquer outra coisa.

Hugo Dixon, que fundou a Breakingviews, em 1999, com Jonathan Ford, afirmou que "o erro mais importante que cometemos foi não contratar a equipe comercial certa. Foi o pecado original. Nós dois éramos ligados a questões editoriais e não tínhamos habilidades comerciais ou administrativas. Levamos muitos anos até conseguirmos reunir uma equipe a qual ficamos realmente felizes em relação ao lado comercial".

Em 2003, Vaughan Smith e eu planejamos criar o On The Frontline, site de notícias *on-line* que patrocinaria cinegrafistas independentes. Vaughan era ex-cinegrafista do Exército e fundador da Frontline TV, cooperativa de cinegrafistas autônomos que abasteciam as emissoras de tevê com imagens a partir dos *fronts* de guerra em todo o mundo. Estávamos cheios de expectativas e sonhos. Eu entendia de internet e ele entendia de jornalismo em países estrangeiros. No final, Vaughan criou um clube de mídia bem-sucedido, o Frontline Club, mas não conseguimos nos tornar um veículo *on-line*. Em retrospecto, Vaughan tinha de se concentrar em alguma coisa. Ele havia hipotecado sua casa para criar o Frontline Club e qualquer outro negócio ficaria em segundo plano. Vaughan não podia fazer duas coisas ao mesmo tempo. Ele tinha uma tarefa imensa a realizar, apenas fazendo o clube funcionar. A sociedade estava sujeita a ser desigual, já que eu podia dedicar mais tempo e me entregar muito mais ao negócio do que Vaughan. Houve uma falta de clareza acerca da relação comercial desde o início. Nós nunca a discutimos devidamente. No final, acho que nós dois sentimos que o outro não se entregou ao negócio como o esperado. Nós dois fracassamos.

Na maioria das relações, há frequentemente um parceiro dominante. E isso é verdade a respeito da relação comercial. O segredo para fazê-la funcionar é entender esse fato desde o início: entender quem é o chefe e se certificar de que seja aceitável para todos os envolvidos.

Nick Velody foi diretor-fundador da Joshua, agência de marketing integrado, e anteriormente foi diretor da Grey e Ogilvy. Nick é meu sócio na You Wish. Ele e eu trabalhamos bem juntos, porque foi acordado antes que eu seria o chefe. Mas é importante respeitar o fato de que também somos sócios e, para as coisas funcionarem, devo escutar e respeitar seus pontos de vista.

Um dos motivos de Vaughan Smith e eu não conseguirmos fazer nossa relação funcionar foi porque ambos queríamos ser chefes. Em última análise, você precisa de um processo de tomada de decisão e de reconhecimento de como isso funcionará. Alguém, o chefe, tem de tomar a decisão final. Vaughan e eu não discutimos suficientemente essa questão. Isso quer dizer que não progredimos como deveríamos se tivéssemos nos lançado na mesma direção. O problema é que você não será um cinegrafista de guerra bem-sucedido caso siga ordens de outras pessoas. Você confia no próprio julgamento acima de qualquer outro.

> Você precisa de um processo de tomada de decisão e de reconhecimento de como isso funcionará. Alguém, o chefe, precisa tomar a decisão final.

Mark de Wesselow e Simon White, fundadores do Square Meal, guia bem-sucedido de restaurantes, bares e eventos, afirmaram que a confiança foi decisiva para o sucesso deles. Mark também disse que habilidades complementares foram fundamentais para o negócio: "Nós nos conhecemos bem, o que significa que há um elemento de confiança, mas também temos habilidades muito complementares. Simon é mais centrado nos números, e eu tenho faro para o editorial. Foi uma boa escolha".

As habilidades complementares são tema de diversas novas empresas de sucesso. Greg Hadfield, ex-editor do *Sunday Times*, que fundou o *site* Soccernet, vendido para a ESPN por 40 milhões de dólares, em 1999, e que em seguida criou o *site* Schoolsnet, vendido para a Hotcourses, em 2003, acredita que essas habilidades sejam fundamentais. Em 1995, Greg iniciou o Soccernet com Tom, seu filho de 12 anos, depois de ter aderido a um plano de demissão voluntária em 1994 e, em seguida, ter conseguido um trabalho no *Daily Mail* como jornalista investigativo, com a própria conexão com a internet. "De nenhuma maneira teria começado o Soccernet se não tivesse Tom. Nunca havia considerado a internet. De modo algum Tom teria começado o site sem o *Daily Mail*, uma relação de trabalho conquistada por mim." Foi uma união incomum para um novo negócio — um pai e seu filho adolescente —, mas funcionou, porque havia confiança, e os dois faziam coisas diferentes.

Matt Norton, cofundador da Sentry Wireless, empresa de *software* de segurança para celulares, concorda que as habilidades complementares são fundamentais. Ciaran Bradley proporciona a *expertise* de tecnologia e Matt, as habilidades comerciais e de vendas. Mas ele também enfatiza dois outros aspectos importantes: "Os sócios precisam de habilidades sobrepostas para se comunicar e de demandas parecidas de estilo de vida, como ter os mesmos compromissos. Se vocês forem muito diferentes, não apoiarão um ao outro da mesma forma".

Se você achar que está fazendo a escolha errada, então é fundamental parar e refletir; se continuar, as repercussões no futuro poderão ser muito maiores do que se afastar logo.

Sue van Meeteren, cofundadora da Jigsaw, agência de pesquisa de mercado de médio porte, revelou que se demitiu da Research International (RI) para criar uma agência. Logo em seguida, retornou a sua antiga empresa, mas voltou a se demitir dois anos depois e fundou sua agência com outras sócias. "Ann, Jo e eu nos conhecíamos muito bem na RI. Sabíamos que estávamos alinhadas em termos de personalidade. Mas eu, originalmente, procurei criar a agência com duas pessoas que eram colegas e não amigas. No fim, senti-me mais à vontade entrando no negócio com amigas que compartilhavam dos mesmos valores." E funcionou: a Jigsaw se tornou uma agência de médio porte de muito sucesso, com um giro financeiro de 6 milhões de libras esterlinas e escritórios em Londres e Amsterdã.

Mas nem tudo deve ser regido pela confiança. É importante ter algo legalmente vinculativo em vigor, e um contrato é a melhor forma de garantir isso. Não deixe que as pessoas digam a você que elaborarão o contrato no momento oportuno. Não. Os contratos são muito importantes para serem deixados aos caprichos da amizade recém-estabelecida. Lembro-me de ter sido trapaceado por alguém quando me tornei o sócio secundário, com uma participação acionária minoritária. Eu acreditei na abordagem amigável de que tudo seria colocado no papel no devido tempo. Mas não foi o que aconteceu. Tempos depois, quando finalmente foi colocado no papel, acabei com menos do que esperava e muito mais diluído do que havíamos acordado. Minha porcentagem acionária não ficou dentro dos 100% originais, mas de 130%, porque diversas outras pessoas estavam envolvidas nessa ocasião.

> Nem tudo deve ser regido pela confiança. Também é importante ter algo legalmente vinculativo em vigor.

É muito parecido com relações pessoais. Dois lados fazem uma relação funcionar. Todos entram num acordo mútuo, um pacto para cada um fazer a sua parte, para fazer a relação funcionar. E pode ser surpreendente como algumas sociedades comerciais funcionam. Atualmente, a Ink Publishing possui quatro diretores-executivos muito assertivos. Às vezes, fico admirado de que suas relações funcionem, mas, de alguma forma, os quatro se contrabalançam. Embora tenham discordâncias, todos cumprem suas funções muito bem e, assim, mantêm a barganha mútua em vigor. Desde que as regras do compromisso sejam bastante claras e as pessoas façam o que dizem que farão, grupos díspares de profissionais podem trabalhar bem em conjunto. E, quanto mais têm sucesso, melhor parece o relacionamento.

Vale a pena lembrar que pode ser difícil manter uma sociedade com membros da família. Ingrid Murray, empreendedora em série, da equipe de fundação do site Inspop, que virou Confused.com, cofundadora da Ninah Consulting, vendida para a ZenithOptimedia, e, atualmente, fundadora do WeBuyNearby, supermercado *on-line*, explicou: "Minha irmã, Sara (Murray), escolheu-me para começar a Ninah Consulting. Ela precisava de alguém confiável e que tivesse *expertise* em marketing. Nós nos complementávamos e tínhamos habilidades diferentes. Mas é muito difícil trabalhar com a família ou com os amigos: você tem de definir as regras básicas. Sara aparecia aos domingos para o almoço e queria falar a respeito de trabalho. Eu a queria apenas como irmã e não como sócia. Trabalhamos juntas por sete anos. Foram necessários alguns anos depois da separação comercial para a relação fraternal voltar ao normal. Embora as relações familiares sejam mais fortes do que as outras, quando você vê uma pessoa na empresa, enxerga um lado dela que pode não querer ver. Você não lida com isso no momento. Faz o que tem de fazer. Admiro negócios familiares que funcionam".

John Bates, empreendedor e professor-adjunto de empreendedorismo da London Business School, afirma: "Nunca entre em um negócio com amigos, a menos que você esteja preparado para perdê-los. Mesmo amizades antigas podem acabar".

Aqui estão alguns conceitos básicos que você precisa seguir ao escolher o sócio do negócio:

1. entre em acordo sobre o que vocês esperam um do outro, especificamente e a fundo. Não importa se vocês trazem coisas diferentes para a "festa" e não contribuem de maneira igual. Mas é fundamental que saibam e aceitem o que o outro está fazendo e vai fazer, especialmente se tiverem demandas diferentes em termos de estilo de vida;

2. decida quem é o chefe logo de saída e por quê. Não se esquive dessa questão. Alguém terá de tomar decisões e todos os lados precisarão se sentir à vontade com isso. Você não pode supor que resolverá isso com o negócio em andamento;

3. considere as habilidades que você tem na equipe. Você e seu sócio possuem habilidades complementares? A sociedade tem o que é necessário? Você tem de ser muito objetivo sobre isso, ainda que o tempo tenha passado e vocês estejam todos comprometidos. É melhor pular fora do barco enquanto ele ainda está no porto do que se você estiver em alto-mar. Caso você não tenha a combinação correta, adicione outras pessoas, mesmo como não executivos. Verifique com gente de fora da empresa se você tem a equipe certa e se há algumas lacunas;

4. formalize. Sim, a confiança equivale a 80%, mas nunca se baseie somente na confiança em relação ao outro lado. Se houver confiança mútua, então não deve haver problema em colocar tudo por escrito. Muitos empreendedores odeiam assumir compromissos e querem ser capazes de ziguezaguear o tempo todo. Não há problema se você for uma pessoa de

fora da empresa, um fornecedor ou um funcionário potencial, mas, uma vez que vocês dois pertencem à diretoria, a vida não pode funcionar desse modo. Isso é particularmente verdadeiro em relação a tudo que tem a ver com dinheiro. Você tem de registrar por escrito as questões relacionadas à remuneração;

5. planeje-se tanto para o desastre como para o sucesso. Assim, ninguém pode reclamar depois. Na maioria dos negócios, nem todos os fundadores originais permanecem na empresa. Alguns sairão ao longo do caminho: algumas vezes, satisfeitos; outras vezes, insatisfeitos. Eis o motivo de você precisar refletir sobre todos os cenários possíveis. Vi algumas pessoas saírem de novas empresas muito cedo, com uma pequena participação acionária, e, tempos depois, essa participação proporcionar muito dinheiro a elas. Vi também outras saírem de forma ressentida, sem um acordo justo. Despende-se muito tempo e muita energia quando as coisas não dão certo, e ninguém pensou nisso no início do negócio;

6. tente se dar bem com os respectivos parceiros pessoais da diretoria, quer seja o marido, a mulher, a namorada ou o namorado. Se os sócios ficarem isolados ou enfezados, isso será motivo de outro estresse considerável na empresa, e você não precisa disso.

Capítulo 2

Gênio ou loucura

COMO VOCÊ SABE QUE A IDEIA ESTÁ CORRETA?

"Todos nós podemos ser muito severos quando julgamos os negócios das outras pessoas, mas é muito mais difícil isso acontecer em relação ao próprio negócio. Parece óbvio, mas é fácil ficar obcecado com a ideia e não com o dinheiro. Saberemos se a ideia for boa somente quando começarmos a ganhar dinheiro. É simples assim", afirmou Peter Christiansen, empreendedor do setor de mídia, colega da escola de negócios e amigo, enquanto bebíamos um copo de vinho e conversávamos a respeito de nossos últimos empreendimentos. Peter havia criado a Zeal Television, bem-sucedida produtora de tevê de 20 milhões de dólares, e a Speedshape, produtora de computação gráfica avançada para a indústria da propaganda.

Eu estava investindo para desenvolver um novo negócio, que só daria lucro depois de eu ter gasto muito dinheiro.

"As boas ideias dão dinheiro. Você precisa vender algo que as pessoas querem comprar. Se não existir demanda, será uma má ideia", ele continuou.

"Mas muitas ideias precisam de investimento para decolar; e então?", indaguei Peter.

"Então, você precisa conseguir algum dinheiro. Se não conseguir, será uma ideia ruim. O projeto não funciona."

Como você pode saber se a sua ideia é boa, já que leva tempo para você se estabelecer? Esse projeto pode depender de tecnologia para ser desenvolvido, por exemplo, ou pode ser uma fábrica que necessita de investimento. A verdade é: você não sabe se vai funcionar. Você pode fazer muita pesquisa de mercado, e isso ajuda de certa forma, mas, no final, somente quando houver lucro você terá certeza de que a ideia vingou. O processo de começar um novo negócio é suficiente para deixá-lo louco. Embora você possa pensar que é uma ideia genial, pode ser muito tola.

Jeffrey O'Rourke, presidente da Ink, afirma: "Você nunca chegará lá se nadar contra a corrente. Se você pegar a onda certa, então será difícil fazer algo errado". Pode ser uma tendência de negócios, uma tecnologia, um mercado emergente ou o impacto da mudança regulatória.

> O processo de começar um novo negócio é suficiente para deixá-lo louco. Embora você possa pensar que é uma ideia genial, pode ser muito tola.

Você também precisa de um *insight* simples, mas convincente. Hugo Dixon disse a respeito da Breakingviews: "Tínhamos uma boa ideia. A internet significa que você não tem de esperar até amanhã para obter seu conteúdo; você pode obtê-lo hoje. Nos mercados financeiros, o tempo realmente faz diferença. Éramos as primeiras pessoas a proporcionar conteúdo imediato".

No entanto, William Reeve, criador da LOVEFiLM, empresa de locação de DVD *on-line*, enfatiza o imperativo financeiro absoluto, principalmente em um mercado competitivo, mesmo se levar tempo para dar certo: "Avalio qualquer ideia de negócio em termos de modelo econômico e econometria, para demonstrar que pode ser realizado. Preciso saber se o negócio sobreviverá e se é apenas o caso de gerenciar a econometria para chegar lá. Gostei da ideia da Netflix de locar DVDs pelo correio. Mas levei doze meses para elaborar um plano de fazer isso no Reino Unido, porque já existiam quatro outras empresas no mercado. Não conseguia um jeito de entrar. Precisava de dinheiro e mais do que eu tinha".

Frequentemente, conversar com empreendedores próximos é um modo rápido de obter uma leitura imediata de que a sua ideia se tornará um bom negócio e de que haverá um mercado real para ela.

A You Wish era uma ideia simples. Era a primeira *concierge* de serviços gratuita do mundo. Ajuda pessoas atarefadas a encontrar prestadores de serviços sem fazer toda a pesquisa e auxilia empresas a encontrar clientes sem propaganda. Modifica completamente o modelo tradicional de venda. Você diz o que quer e quem é, e as empresas respondem pessoalmente se estiverem realmente interessadas. Poupa seu tempo e esforço, e poupa tempo e dinheiro das empresas, porque elas não têm de pagar para encontrá-lo; podem se concentrar apenas em lhe dar o que você quer.

As pessoas percebiam o potencial da ideia. Todos os meus conhecidos se referiam ao problema da falta de tempo para procurar prestadores de serviços, como advogados, podólogos, pessoas que trabalham no fórum ou faxineiros, e aquela longa lista de serviços que queremos, que todos carregamos. E as empresas gostavam. Era por motivos óbvios. "A busca reversa" era como as pessoas resumiam isso. Mas a pergunta que não queria calar era: "É um analgésico ou uma vitamina? Um analgésico dá dinheiro. As vitaminas, muitas vezes, não".

Se tantas pessoas diziam que era muito bom, então por que parecia tão arriscado?

Bem, eu tinha de desenvolver uma plataforma *on-line* e, depois, atrair duas plateias de clientes diferentes, simultaneamente. É um grande desafio mudar completamente a questão da oferta e da demanda, e é duro se sair bem. Eu precisava de sócios. Investimento. Podia assumir parte da ideia, mas não toda. Isso é assustador. Podia chegar perto de alcançar o objetivo e, no entanto, ficar sem dinheiro. Ou podia gastar demais com base na minha convicção e descobrir que estava errado.

No fim, eu estava certo pela metade. A *lead generation* (fornecimento de informações úteis) *on-line* era um bom mercado, mas era necessário um modelo de negócios diferente.

Tive muitas ideias em minha vida: uma marca de moda, casas noturnas, um site de notícias *on-line*, um parque temático (essa ainda é genial, mas precisa de alguns bilhões de libras esterlinas) e uma nova agência de marketing. Algumas foram por conta própria, outras com outras pessoas, incluindo a Utterly Butterly, aquela manteiga incrível. Algumas foram boas ideias, outras foram insanas. Quanto mais ideias você tem e quanto mais seriamente você tenta colocá-las à prova, melhor elas ficam.

A empolgação relativa a uma nova ideia é impressionante. A ideia de que você pode criar algo novo, inovador, valioso e amado — algo que soluciona um problema ou traz satisfação — é espantosa. Quando esse *insight* surge de repente, é como um novo brinquedo, uma obsessão. É algo

que precisa voar, ou dar à luz. É um momento *Rocky Horror Picture Show*.*
Como o doutor Frank-N-Furter, protagonista do filme, diria sobre sua
criação, Rocky, ele havia descoberto o "segredo da própria
vida". É muito pessoal. É seu. Você fez...

Apesar de poder ser genial para você, o problema é:
se não significar nada para mais ninguém, será perda de
tempo. Nesse caso, o truque é aprender de modo imparcial no momento em que se escuta outras pessoas. Se
elas não entenderem ou rejeitarem seu plano, isso o
destruirá. Você não sabe se isso significa que você está
louco ou que elas estão erradas. É difícil manter a objetividade. Pode ser
muito deprimente.

> A empolgação relativa a uma nova ideia é impressionante. A ideia de que você pode criar algo novo, inovador, valioso e amado — algo que soluciona um problema ou traz satisfação — é espantosa.

Com frequência, o problema é que você não achou um jeito de realizar e comunicar seu *insight* corretamente, para que as pessoas enxerguem e acreditem nele. As pessoas têm hábitos, e um dos modos mais simples de lidar com isso é se referir a precedentes relativos à ideia. Se elas conseguirem relacioná-la com algo que entendam, você quase chegou lá.

É importante ser claro sobre o fato de querer criar algo novo e diferente ou apenas algo melhor. Nick Wheeler, fundador da Charles Tyrwhitt, em 1986, e atualmente com um movimento de vendas de 60 milhões de libras esterlinas por ano, afirmou: "Não era a ideia; consistia em fazer melhor. A ideia não era a questão. A grande maioria das empresas tenta ser diferente. As pessoas dizem que não podem começar um negócio porque não têm uma ideia. Elas não precisam de uma nova ideia".

O momento também pode desempenhar um papel decisivo, como Bill Gross, da Idealab, explicou: "Temos ideias que acontecem muito antes da hora; talvez cinco ou dez anos antes da hora. Há uma tendência, quando a ideia não funciona, de dizer que "comercializar é mais difícil", mas, muitas vezes, o inverso é verdadeiro. Simplesmente sobreviva com menos. A lição é: não se apresse. Ache um jeito de sobreviver até o mercado decolar, ou caia fora. A tendência é de rezar uma Ave-Maria. Em vez disso, uma estratégia lenta e constante pode ser valiosa".

---

* Segundo a Wikipédia, é um filme musical, dirigido por Jim Sharman, a partir da peça de sua autoria e de Richard O'Brien, que compôs as canções, lançado no Reino Unido, em 1975. (N.T.)

A boa notícia é que há alguns passos práticos que você pode seguir para avaliar se tem uma boa ideia ou não, se é melhor ou diferente, se o momento é o certo. Quanto mais rápido você seguir esses pontos, mais rápido conseguirá saber a resposta.

1. Confie em sua intuição. Você tem dúvidas? Em caso afirmativo, leve-as em consideração e reformule a ideia até as dúvidas desaparecerem. Por experiência própria, ainda que consiga responder às perguntas principais, tenho momentos de dúvida. Nesses momentos, sou capaz de enxergar que há questões que não tratei. E, se eu abordar essas questões, consigo fazer a ideia avançar. No fim, a maioria das dúvidas desaparecerá. Porém, você pode permanecer com algumas dúvidas, mas, se tiver uma boa ideia, acabará superando a maioria delas.

2. Você pode descrever sua ideia em uma frase para alguém que nunca viu no bar? Se você sentir dificuldade de fazer isso, é sinal de que ainda não chegou lá.

3. Uma pessoa com experiência empresarial descreveu a oportunidade do negócio para você, ou apresentou diversos motivos de por que não?

4. Entenda que você nunca finaliza a ideia; ela evolui, vive. Mova-se com a ideia. Considere-a como um movimento periódico. Você não consegue controlar cada momento dela. E você não vai querer. Da mesma forma que a natureza, há momentos de uma nova ideia em que a maré leva você para algum lugar inesperado, mas, de certo modo, é um lugar melhor. Aprenda a viver nesse fluxo e refluxo. Às vezes, são dois passos para frente e um para trás, mas essa é a paixão, a jornada da vida e do empreendedor. Quem desistiria?

5. Continue perguntando às pessoas e testando. O sucesso está no mundo ao seu redor. Se esse mundo avaliar seu sucesso, então você saberá que poderá ser um vencedor. Até então, continue reformulando a receita do bolo. Ele ficará bom e, se não ficar, aprenda a partir disso e siga em frente.

Capítulo 3

Contando histórias

COMO CRIAR UMA HISTÓRIA VENCEDORA

"Você é um completo idiota. Você será morto no Afeganistão e para quê? Por pessoas que não se interessam pelo que você está tentando fazer por elas e que são sedentas de sangue, como sempre foram." Meu pai estava furioso e desesperado.

Em 1986, idealizei a Oxford Afghanistan Expedition. O objetivo era filmar e relatar a guerra esquecida que acontecia no Afeganistão. Provavelmente, minha primeira conversa sobre a nova ideia foi com Sandy Gall, jornalista experiente e apresentador da ITN. Ele se mostrou muito cético e advertiu que não era um jogo para amadores. Assim, não consegui nenhum apoio da ITN, mas isso não me dissuadiu. No fim, um colega estudante, Radek Sikorski, e eu levantamos 5 mil libras esterlinas e, em agosto, acabamos nos juntando aos *mujahidin* (combatentes da resistência afegã à ocupação soviética), quando viajamos para registrar a guerra. Mais tarde, Radek foi o primeiro jornalista estrangeiro a fotografar os mísseis Stinger em ação, e eu assumi meu primeiro emprego sério.

Algumas ideias de negócio são geniais logo que aparecem e são capazes de ser financiadas. Elas têm uma proposta simples em seu cerne, possuem apelo claro para um grupo específico de clientes e são capitalizáveis. Mas a maioria das ideias não é. Precisa de reformulação e, em seguida, de mais reformulação e, mesmo então, a maioria nunca obtém financiamento e morre.

Por quê?

Porque a história não está correta.

O ato de contar histórias é um trunfo para os empreendedores em busca de obter esse financiamento. Mas o benefício frequentemente esquecido de contar histórias é que promove uma blindagem invisível ao empreendedor. Essa blindagem protege contra os golpes inevitáveis dos não crentes, que acham que você está ficando louco: por que assumiria riscos tão grandes, quando poderia ganhar um salário decente e ir ao bar em horário normal? Sobreviver ao ceticismo dos amigos e da família é mais difícil do que enfrentar o ceticismo de estranhos. Ocupe sua mente todas as horas. Ter uma história para contar — algo inesperado, perspicaz e cativante — pode mudar essa dinâmica. E ajudá-lo a batalhar quando as coisas parecerem um tanto sombrias.

> O ato de contar histórias é um trunfo para os empreendedores em busca de obter esse financiamento.

Algumas pessoas são contadoras de histórias inatas, mas a maioria de nós não é e tem de aprender. Como sempre, quanto mais histórias você contar, melhor será seu desempenho.

Dez anos atrás, o *boom* das empresas ponto-com proporcionou outro jeito de contar histórias. A maioria das pessoas achou que eu estava louco de me envolver com a internet. Minha mãe costumava dizer que queria que eu tivesse ficado na propaganda, "onde você estava se dando tão bem, querido". Disse a ela que a internet era o futuro e que, se a WPP, gigante do marketing em todo o mundo, estava preparada para investir em nós enquanto éramos tão jovens e pequenos, então era só questão de tempo antes de criarmos algo realmente grande. Um único sucesso era o ponto de partida da história. Você pode crescer a partir disso: de sucesso em sucesso. Pode conquistar outro cliente ou criar um setor de atividade antes de todos. Você constrói camada por camada, com cada camada extra reforçando a anterior.

Certo dia, em 1999, em uma reunião de diretoria, finalmente tomamos a decisão de vender na bolsa a syzygy, nossa agência digital, e de elaborar nossa história em torno de três pontos simples, mas poderosos. Éramos lucrativos e a maioria das empresas da internet não era. Tínhamos desenvolvido um negócio pan-europeu, nos três maiores mercados da Europa, e a maioria das empresas não tinha. Tínhamos *expertise* em setores secundários duradouros.

Contando histórias

Na época em que era presidente da syzygy, em 6 de outubro de 2000, nós construímos uma história impressionante, que possibilitou a venda das ações da empresa na Bolsa de Valores de Frankfurt por um valor quinze vezes superior ao valor da oferta inicial. Fomos avaliados em 240 milhões de euros. Era incrível como a história ficava cada vez melhor quanto mais a elaborávamos.

Alguns anos depois, estou de volta à estrada com um novo negócio. Levou um ano para ser formulado e, agora, está pronto. O mesmo sofrimento de antes. Como você transmite a mensagem corretamente? Como você para de se martirizar quando um amigo diz: "Não entendi"? Quantas vezes tenho de reescrever o sumário dos principais pontos do plano de negócios e ainda achar que este não captou a história direito? É impressionante como em certos dias é melhor ficar em casa, porque você não consegue promover suas ideias direito. Mas você precisa continuar, refinar e aprender. Você tem de absorver os comentários. Você deve transformar cada crítica em um momento de alegria, outra lição aprendida gratuitamente.

Quando levei a proposta da You Wish para o primeiro possível investidor e ele me disse que ainda era um negócio em estágio muito inicial, não fiquei surpreso: atualmente, a maioria dos investidores de capital de risco não arrisca em negócios em estágio muito inicial. Mas, quando ele comentou sobre a dependência de arbitragem onerosa no modelo de negócios, tive de refletir e utilizei isso para revisar minha história, em vez de discordar. A história não era suficientemente convincente. O modo de a You Wish ganhar dinheiro dependia da necessidade de muitos clientes sem um modo fácil e econômico de obtê-los. A história tinha de ser revisada.

O próximo investidor de capital de risco que procurei era um amigo pessoal, que achou a ideia "muito interessante", mas, em seguida, disse "não gaste seu dinheiro nisso". E assim continuou minha saga.

Você enfrenta todas as críticas e encontra uma resposta, uma solução para o problema. Cada vez você adensa sua história. Essa é a natureza do jogo. Você tem de torná-la à prova de erros.

Lenta e seguramente, seu ato de contar histórias começará a funcionar, e a sensação é incrível. Fui me encontrar com um ex-presidente de uma cadeia varejista muito grande e conhecida. Eu estava irritado. Nosso

> Lenta e seguramente, seu ato de contar histórias começará a funcionar, e a sensação é incrível.

produto ainda tinha falhas, o cronograma estava com furos e tudo demorava muito. Ensaiei a história e os argumentos enquanto ia encontrar o tal ex-presidente. Levou muito tempo para pedirmos o café, mas finalmente começamos, sentados na calçada diante do Caffè Nero. E ele adorou. Verdade, ele adorou o conceito, a história.

Durante uma hora e meia, foi tudo muito intenso. Você fica concentrado em falar acerca de seu bebê. Coloca o máximo possível de paixão e convicção no argumento. Meu Deus, um empresário muito experiente quer ajudar o bebê a crescer.

"Por que você está atrás de somente 800 mil libras esterlinas? Achei que você diria 10 milhões de libras esterlinas. Isso poderá se tornar grande se você se aliar a uma marca de grande consumo, com milhões de clientes. Aqui entre nós, tenho certeza de que podemos ligar para algumas pessoas e levantar esse dinheiro em quatro horas", ele disse.

Dá para acreditar nisso? Não posso demonstrar que estou ficando sem dinheiro, pensei, e murmurei: "Sim, consegui dinheiro suficiente. É só uma questão de manter a coisa andando até encontrar o sócio certo". Ele havia identificado a solução para a fraqueza que o primeiro investidor havia assinalado: coloque um sócio empresarial grande e confiável na diretoria.

Deixo o café tão excitado que caminho durante uma hora desfrutando do dia primaveril até a noite chegar. Decido cancelar o jantar com os meninos, porque não posso me permitir ficar irritado agora. Preciso refletir sobre isso e, seja como for, provavelmente ficaria muito furioso. Não agora, ainda não...

É importante conceber uma história interessante e atraente para dividir com diversas pessoas e criar uma onda de interesse. Jo Fairley, da Green & Black's, era uma ex-jornalista com um tino excelente para o enredo de uma história. Ela fez isso em relação ao Green & Black's. Não era apenas um chocolate novo e delicioso. A matéria-prima era obtida diretamente dos agricultores de Belize e da República Dominicana, que recebiam um preço justo pelo cacau. Era um chocolate associado ao comércio justo. Como ela afirma: "O âmago da história era ver a verdade do impacto do negócio sobre uma comunidade do Terceiro Mundo. Frequentemente, a ajuda não chega onde deveria chegar. Quando você negocia com uma comunidade, pode perceber o impacto e como ela avança com os recursos que você disponibiliza. Era fundamental contar essa história. Meu primeiro *press release* destacou isso: 'Chocolate livre de culpa? Bem, quase'. Era uma história incrível, com diversos níveis interessantes".

Como todos lhe dizem, os investidores compram pessoas, e você precisa demonstrar compromisso e paixão. Vaughan investiu sua paixão ao criar o Frontline Club como um "acampamento" para os cinegrafistas, que colocam suas vidas em risco para trazer notícias. Seu compromisso inacreditável, trabalho árduo e habilidade ajudaram a conseguir o apoio de diversas pessoas, que alimentaram a paixão por seu empenho. Como ele afirmou: "A história que existiu permitiu esse negócio acontecer. A história é fundamental para o sucesso. Nossa história é nossa reputação".

Bill Gross, fundador e presidente da Idealab, incubadora da Califórnia, que gerou empresas como eToys, Citysearch, CardDirect, Cooking.com, FreePC, Tickets.com e GoTo.com, acredita que "se um empreendedor não estiver apaixonado por seu produto, a empresa estará destinada a fracassar. Cada negócio que você considera, irá decepcioná-lo em tempos difíceis. O único modo de sobreviver é estar apaixonado. Se eu não estivesse apaixonado, desistiria. De fato, se você não estiver apaixonado, desista".

Você precisa de convicção, como Matthew Page, empresário da Feeder, uma banda de rock, que afirma: "Você não pode se sentir encabulado. Porque, assim, nunca venderá nada".

> Você precisa de convicção, como Matthew Page, empresário da Feeder, uma banda de rock, que afirma: "Você não pode se sentir encabulado. Porque, assim, nunca venderá nada".

A paixão, muitas vezes, não é suficiente. Vaughan e eu tínhamos muita paixão quando tentamos levantar dinheiro para lançar um site de notícias, nos primeiros tempos de vídeo na internet. Em nosso percurso, reunimos uma equipe de peso especializada em notícias e atualidades, mas o modelo de negócios acabou não parecendo sólido para os potenciais investidores: dedicamos muito tempo à história e negligenciamos outros ingredientes fundamentais.

Finalmente, você precisa saber quem é sua audiência e o que ela precisa escutar. Lembro-me de estar na parte final do processo de seleção para ser o candidato parlamentar do Partido Conservador por Hillingdon, em 2004. Eu tinha de fazer um discurso de três minutos, expondo por que eu era o candidato certo. Comecei com uma declaração apaixonada a respeito do valor do Partido Conservador: liberdade. Expliquei como tinha me juntado aos *mujahidin* na década de 1980 para ajudar a libertar o povo afegão da tirania soviética, mas fui rapidamente interrompido por uma mulher que me perguntou se eu era membro da Al-Qaeda.

Isso liquidou as chances de ser candidato pelo Partido Conservador.

Os empreendedores seriais mais bem-sucedidos tramam uma história que combina magia, produto, pessoas e dinheiro. Uma mistura perfeita para a sua audiência. Frequentemente, um empreendedor pode usar um desses elementos, mas não os quatro ao mesmo tempo.

Então, como criar uma história cativante, convincente e inesquecível?

1. Reconheça que isso é um jogo longo. Não é um lance; são todos os dias. É sua história de vida, até você alcançar a linha de chegada. É uma maratona. Você tem de se sair bem nela. Precisa treinar. Foram precisos nove meses para começarmos e concluirmos nossa apresentação da oferta pública de ações da syzygy. Você terá dias bons e dias ruins durante esse trabalho. Tem de ser uma história simples e natural, mas irresistível.

2. Tenha convicção. E compreenda todos os lados do argumento — os prós e os contras —, esteja preparado para apresentar as respostas e tenha tempo para convencer sua audiência. Aprenda com os céticos. E acredite totalmente em sua história.

3. Seja simples. Ligue o problema que está resolvendo com a melhor solução e com a equipe certa para executá-la. Então, associe isso com alguns exemplos anteriores de sucesso.

4. Aprecie a oportunidade de contar a história. Caso contrário, não pode esperar que seus potenciais investidores gostem do que você tem a dizer. Você precisa ser capaz de entusiasmar as pessoas no ônibus ou na sala de reuniões da diretoria.

5. Demonstre seu compromisso pessoal. Você sacrificou alguma coisa para estar aqui? Como você pode demonstrar isso?

6. Tenha sempre novidades. Impressione as pessoas com sua atividade, com suas realizações. Isso cria ímpeto e crença. As pessoas sempre ficam

admiradas com a velocidade e a agilidade dos empreendedores bem-sucedidos. Assim, comporte-se como um deles.

O QUE CONSTITUI UMA BOA HISTÓRIA EMPRESARIAL?

1. Saiba quem é a sua audiência e o que ela precisa escutar. Não fale só o que você quer dizer a ela.
2. Desenvolva um único e simples gancho para envolver a audiência com suas crenças, seus desejos e sua necessidade.
3. Encontre exemplos cotidianos de como você transmitirá valores em sua história.
4. Ofereça paixão a sua audiência. Faça-a enxergar que você tem convicção implacável. Afinal, a audiência está comprando a sua ideia.

Capítulo 4

Um cordeiro sacrificial

O QUE VOCÊ SACRIFICARÁ PARA ALCANÇAR SEU OBJETIVO?

"Fiz isso antes. Sei como começar um negócio. Sei o que preciso fazer", disse para Patrick de modo muito confiante, enquanto bebia cerveja gelada no fim da tarde perto de nossos luxuosos escritórios, em Mayfair, área elegante de Londres.

Dez meses depois, pensando sobre isso quando não estava mais na folha de pagamentos de ninguém em Mayfair, perguntei-me: havia refletido de modo correto?

Sim, é claro. Havia calculado a quantia de dinheiro que estava preparado para gastar. Tinha a intenção de usar o dinheiro que meu pai me deixou quando morreu. Era isso.

Não, não deveria ser. Isso exige uma análise muito cuidadosa e refletida de seus "ativos existenciais", para elaborar aqueles que você está preparado para sacrificar e aqueles que você não está.

Muito tempo atrás, quando comecei outro negócio, não havia pensado a respeito de nada. Não tinha previsto o impacto de não ter um salário, não em termos de dinheiro, mas em termos de autoestima. Desenvolvemos nossa confiança com base nos elogios e no valor que os outros nos atribuem. Quando você remove isso, não há ninguém para elogiá-lo, para analisá-lo, para promovê-lo e para pagar mais dinheiro a você no fim do mês. Isso pode ter um efeito surpreendentemente destrutivo sobre você, a menos que esteja realmente preparado para isso.

Para verificar se está preparado, você precisa realizar a própria auditoria de vida; é uma avaliação cuidadosa de três áreas-chave de sua vida.

Em primeiro lugar, sua nova empresa está de acordo com suas paixões e suas forças? É algo que você gosta de fazer e realmente se preocupa? Se as coisas ficarem muito difíceis, ainda se preocupará o suficiente? Você precisa saber que isso é parte do trabalho de sua vida. Se não se preocupar muito com ele, então faça outra coisa, ou invista algum dinheiro em alguém que faça isso.

> Para verificar se está preparado, você precisa realizar a própria auditoria de vida

Como Mark de Wesselow, fundador do Square Meal, afirmou: "Tinha previsto muito trabalho duro, mas não tinha previsto as atitudes às vezes negativas ou fechadas das pessoas em relação a algo inovador. Você pode levar muito tempo para convencer as pessoas. Precisa ter fé nisso. Mas não pode ser exagerado. Você deve saber onde está entrando. Até começar, você não percebe que se sente muito vulnerável. Embora sinta que está sendo observado. Muitos amigos e familiares sabem. Você tem de justificar a sua existência. Isso pode levar a uma mentalidade de *bunker*".

Em segundo lugar, quais ativos você possui, quer sejam físicos, intelectuais, emocionais ou espirituais? Considere um inventário completo desses ativos, incluindo dinheiro (em espécie, ações, investimentos e fundos de pensão), casa, saúde, emprego, felicidade, casamento/relacionamento/pessoa amada, família, autoconfiança e, igualmente importante, tempo. Quais desses ativos você se preocupa mais e quais está preparado para sacrificar? Pode parecer estranho pensar na possibilidade de sacrificar alguma coisa quando você ainda não começou seu formidável negócio, especialmente quando está tão excitado a respeito dele, mas vale a pena fazer isso. Alguns empreendedores acham fácil sacrificar outras pessoas, seus amigos e a família, enquanto concentram todo o tempo em seu bebê. Outros ficam muito felizes de investir seu dinheiro na ideia, mas não querem sacrificar seu tempo livre. Você precisa refletir sobre o que mais importa e também o que menos importa. Deve admitir que as pessoas próximas também sejam forçadas a se sacrificar por você, como passar os feriados juntos. Depois que começou, você perderá o controle. Independentemente de quão boas as pessoas sejam, a maioria perde o controle; ao menos por um tempo.

Como John Bates, empreendedor e professor-adjunto de empreendedorismo da London Business School afirma: "Começar uma empresa é como começar um romance. É exclusivo e intenso. O parceiro quer atenção. Você sacrifica a liberdade. Simplesmente, você não está livre. Está no comando do negócio 24 horas por dia, 7 dias por semana".

Em terceiro lugar, de que estilo de vida você precisa para ser feliz? Quer folgas a cada três meses e nos fins de semana? Deseja se divertir e se socializar com outras pessoas? Ou precisa de segurança? Algumas pessoas estão tão acostumadas com os estilos de vida agitados das empresas que acham difícil viver sem eles. Se esse for o seu caso, certifique-se de escolher uma nova empresa que ganhe dinheiro desde o primeiro dia. A maioria das novas empresas não consegue tal feito. Isso significa que talvez você não possa tirar alguns dias de descanso.

Como Jeffrey O'Rourke, da Ink, afirmou: "Esperava trabalhar muitas horas. E que isso me desse controle sobre o meu tempo, mas sinto que a empresa tem o controle de meu tempo. Não há separação entre o trabalho e a casa".

Você está preparado para isso? O trabalho não necessariamente lhe dará o que você quer ou espera.

Às vezes, levará algum tempo para você chegar lá, como Geoffrey Gestetner, da Cistermiser, afirmou: "Para alcançar o cargo que ocupo, passei muito tempo trabalhando longe de casa entre os 20 e 30 anos e perdi parte da vida pessoal. Depois, foi duro achar uma empresa para comprar, mas eu não tinha hipoteca para pagar nem família. Levou dois anos e meio para achar um negócio".

Algumas vezes, há diversas escolhas ainda mais complicadas, de acordo com Ingrid Murray: "Tive essa ideia [WeBuyNearby], mas sou mãe separada com quatro meninos. A supermãe aqui acha que pode começar o negócio e ser mãe separada. Você não pensa muito bem a respeito da realidade. A maioria das mulheres luta para ser mãe de dois filhos. Agora, meu ex-marido está se mudando para perto daqui para ajudar. Mas meu namorado, com quem estou há seis meses, quer saber se meu ex-marido terá muito contato comigo. O relacionamento sobreviverá? Você tem de refletir sobre essas questões antes de elas afetarem a sua vida".

Quanto mais crio empresas, melhor me torno ao seguir algumas dessas diretrizes básicas. Procuro sentir instintivamente se o negócio está de acordo com minhas paixões e minhas forças. Fico muito mais tranquilo ao calcular antecipadamente os ativos que sacrificarei sem arrependimento. Mas sempre subestimo o impacto que o trabalho terá sobre meu estilo de vida, a diversão e o tempo gasto. Acho que é como disputar partidas de Mahjong ou War contra grandes jogadores. Eles têm de decidir estratégias com base em anos de experiência, análise e observação de outros mestres em ação. Não se preparam pela metade. Não protegem um país à custa de um continente. Não tentam fazer muitas coisas ao mesmo tempo. Têm um plano. Quando atacam, chegam com força.

Isso ajuda a gerenciar seu risco: o sacrifício potencial. Como Matt Norton, da Sentry Wireless, afirmou: "É um risco calculado. Não gosto muito de assumir riscos. Na ocasião, considerei a possibilidade de negar os riscos. Mas fiz uma hipoteca extra e guardei o dinheiro. Achei que podia sempre conseguir outro emprego. Resisti à tentação de Belinda (minha mulher) de desistir de seu emprego. Ela trabalha com muita determinação a fim de que tenhamos uma aparência de estabilidade. Foi uma grande decisão, mas calculada".

Finalmente, você deve estar preparado para o que pode acontecer — tanto as coisas positivas como as negativas. Seb James, empreendedor e cofundador da Silverscreen, cadeia varejista de locação de DVDs apoiada por investidores de capital de risco, e atualmente diretor da Dixons (DSGI), rede varejista, disse: "Você precisa começar da premissa de que tudo dará certo. Nem tudo o que você tem é necessário. Então, você pode se sentir mais tranquilo".

> Você deve estar preparado para o que pode acontecer — tanto as coisas positivas como as negativas.

Então, como você se prepara para esse sacrifício potencial?

1. Admita que sacrificará alguma coisa. Todas as pessoas fazem isso. Não quer dizer sacrificar um salário seguro, um emprego regular ou uma aposentadoria garantida. Isso é obviamente o caso, embora seja um sacrifício muito assustador para algumas pessoas. Não, quer dizer outras coisas, como seu dinheiro, suas relações ou sua saúde. Todas essas coisas são jogadas na pira funerária pelas pessoas desesperadas em transformar seus sonhos em realidade. Você pode ter sorte, mas a maioria das pessoas sofre alguma coisa. Se você admitir isso logo de início, pensará de modo mais racional a respeito, e isso o ajudará a fazer melhores escolhas.

2. Pense naquilo que não quer sacrificar de modo algum e proteja isso. Se você souber que há certas coisas que não quer sacrificar, isso afasta qualquer incerteza ou embuste enquanto você está imerso em todo o evento. Se estiver preparado para sacrificar a saúde e o dinheiro, não jogue fora seu casamento ao mesmo tempo; em vez disso, cuide dele.

3. Obtenha permissão de seus entes queridos antecipadamente para se dedicar ao trabalho. Você precisa deles ao seu lado. Eles precisam entender o que você sacrificará e ficar à vontade em relação a isso. Você pode preferir ignorá-los, mas, ao menos, saberá o ponto de vista deles.

4. Incentive os outros ao seu redor a obter alguma outra retribuição enquanto você está concentrado em sua coisa. Não deixe suas relações definharem. Certifique-se de que as pessoas próximas estão emocionalmente satisfeitas de outra maneira, já que você tende a privá-las de muita atenção ou muito amor.

5. Tenha um plano de contingência. Levará o dobro de tempo que você imaginava. Você gastará mais dinheiro do que planejava. E precisará prosseguir por iniciativa própria, lutando para conseguir o que quer. Assim, precisa de alguma forma de gerenciamento de risco. Por que não permanecer em seu emprego atual durante meio expediente? Ou, talvez, avaliarão seu tempo de outra maneira para ajudar a pagar as contas?

6. Escute o que as outras pessoas lhe dizem — esse é o maior desafio — e procure encontrar atenuações antecipadamente. Pense muito bem em todos os cenários prováveis, de modo que você tenha uma ideia do que esperar e de como se comportar se acontecer.

COMO MANTER O MARIDO OU A MULHER, OU O NAMORADO OU A NAMORADA AO SEU LADO?

1. Admita que você está no comando da empresa e que precisa mantê-los informados do que está acontecendo. Minha mulher, Jo, disse: "A única coisa que você pode fazer é andar junto na montanha-russa. Você não está no comando. É apenas um apoio. Você se preocupa com os insucessos, mas também com os sucessos, porque inevitavelmente eles poderão se transformar em fracassos retumbantes".
2. Concorde a respeito dos limites. Você vai trabalhar sem parar? Ajudará nas tarefas de casa?
3. Passe o tempo combinado com sua família e seus amigos como disse que passaria. Não remarque para outra ocasião.
4. Tente ser honesto. Como Matt Norton, da Sentry Wireless, afirmou: "Posso ter vendido algo inadequado para Belinda (sua mulher). Mas não foi consciente. Meu otimismo me cegou; ah, se eu tivesse ganho metade de minha primeira previsão de receita".

Capítulo 5

Aproveite as altas para enfrentar as baixas

COMO ASSEGURAR QUE VOCÊ VEJA OS ASPECTOS POSITIVOS E NÃO SÓ OS NEGATIVOS?

"Estou me sentindo bem a respeito dessa estratégia de canal local. É a solução para destravar tudo. Faz muito sentido. Esses dois casais podem ser nossos agentes locais e os dois parecem interessados. Ontem à noite, tive uma reunião de três horas com o segundo casal. Eles não conseguiam parar de falar e de fazer perguntas", revelou Nick, meu sócio na You Wish, de modo entusiasmado, enquanto tomávamos nossos chás no Frank's, em uma manhã ensolarada de sexta-feira, em Londres.

Meu Deus, pensei, podemos ter finalmente entendido a estratégia de canal. Vamos fazer essa nova estratégia funcionar.

Depois de lutar por nossa estratégia de canal por muito tempo, agora parecia que poderíamos ter diversos parceiros na atividade. E isso talvez impulsionasse nossas chances para obtermos financiamento. Nenhuma das parcerias estava firmada formalmente, mas estava em andamento, e existiam discussões positivas. Era o momento de reconhecer que isso significava um avanço real.

Há momentos de puro júbilo em iniciar o próprio negócio: uma sensação incrível de poder sobre seu destino e a satisfação de que você não tem de se submeter à escravidão do salário. Mas esses momentos são frequentemente interrompidos por momentos de dúvida, desespero e raiva. Assim, é fundamental saborear os instantes de euforia, porque podem ser, em pouco tempo, seguidos por épocas deprimentes.

Refletir sobre as coisas que você acha que fez errado, em vez das coisas que deram certo, é uma tendência lastimável. Afinal, não é fácil seguir por conta própria, sem um sistema de apoio de um escritório, sem as familiares conversas no cafezinho, o flerte no escritório ou até a inevitável festa no final do ano. Ter o próprio negócio é ter a satisfação de um trabalho bem feito, um trabalho concebido por você. Isso está no cerne de manter seu espírito elevado e aproveitar os grandes momentos.

> Ter o próprio negócio é ter a satisfação de um trabalho bem feito, um trabalho concebido por você.

Há diversas maneiras de fazer isso. Individualmente, e antes de você começar, é muito útil se lembrar dos sucessos passados que são relevantes para seu novo empreendimento e usar esse artifício como instrumento para inspirá-lo. Como o mantra na meditação transcendental, esse tipo de pensamento permite que você se concentre em algo positivo e alivie o estresse. O fato de eu ter lançado ações de uma empresa anterior é muito pertinente para meu novo empreendimento. As duas empresas são de internet e demonstram minha capacidade de criar e executar uma saída para os acionistas, algo que é muito importante para possíveis investidores. Mas também posso me ver parado, orgulhoso, ao lado da escultura de tamanho natural de um touro situada no lado de fora da Bolsa de Valores de Frankfurt, poucos momentos antes da syzygy se tornar uma empresa de capital aberto. Essa visão triunfal pode ajudar a banir os pensamentos negativos; afinal, se você for capaz de fazer isso uma vez, quem disse que não será capaz de fazer de novo?

Você precisa se sentir preparado também para o estresse que virá. Deve pôr um manto invisível de convicção pessoal em torno de si mesmo. Precisa evitar outras grandes perturbações emocionais ou mais alguma coisa que possa exaurir sua força. Como Victoria Baillieu, cofundadora da Pay Check, empresa especializada em terceirização de folha de pagamento para o setor privado, afirmou: "O negócio mudou quando me separei de Danny, meu marido. Havia uma ideia forte de não fraquejar. Nada se colocaria no meu caminho para deixar o negócio fracassar, porque sentia que havia fracassado em meu casamento".

Lembre-se dos motivos positivos de por que você está desenvolvendo sua empresa. Jo Fairley, da Green & Black's, disse: "Nas férias, quando eu estava com 16 anos, comprei um cartão-postal que mostrava um homem em um trampolim muito alto. No cartão, havia a seguinte legenda: 'Se você não fizer, nunca saberá o que teria acontecido se tivesse feito'".

O modo mais fácil de desenvolver a atitude mental correta é celebrar cada obstáculo superado na jornada de sua nova empresa. Na syzygy, tínhamos um acordo implícito de que, todos os anos, pegaríamos um projeto de cliente que fosse de desenvolvimento muito difícil e novo para nós, a fim de obrigar a organização a aprender e enfrentar a transformação e a mudança. Quando ganhamos o projeto para criar o primeiro site de comércio eletrônico da Boots, foi uma grande vitória para nós e uma tarefa imensamente desafiadora. Conseguimos realizá-lo, e a syzygy ficou muito mais rica em função da experiência. Essa é uma grande atitude mental para se adotar; uma busca incansável pela excelência e pelo autoaperfeiçoamento corporativo.

E mesmo esse sucesso tem uma história curiosa, que sempre me faz sorrir e pensar sobre a superação da adversidade. Levei todos os sessenta funcionários da empresa para a Disneyland Paris, para comemorar o que tínhamos feito para a Boots, pouco depois do lançamento do novo site de comércio eletrônico. Estava no rinque de patinação no gelo quando meu cliente principal me ligou para dizer que o site havia deixado de funcionar. O que eu podia dizer, especialmente porque todos os funcionários da syzygy estavam em Paris? Felizmente, um ex-funcionário ainda estava trabalhando em nosso escritório e, depois de nosso pânico inicial, conseguimos com que ele recolocasse o site em funcionamento. Que susto. Que saída milagrosa. As alegrias e a agitação dos primeiros dias da internet. É uma ótima história para lembrar em tempos difíceis.

Então, quando der início a uma nova empresa, procure comemorar cada momento importante de sua encarnação. Isso pode começar com algo tão simples como encontrar um nome para a sua empresa. Bem, eu disse simples. Mudamos o nome da You Wish quatro vezes antes de chegarmos ao certo. Todas as vezes que achávamos que havíamos encontrado um bom nome, as pessoas nos diziam que não era bom. E, infelizmente, depois de uma reflexão, concluíamos que elas tinham razão.

Passamos literalmente centenas de horas coletivas tentando resolver esse problema. Era preciso que fosse um nome inesquecível, que se associasse com a proposta relativa ao consumidor e que tivesse um endereço eletrônico fácil; essa última questão é o problema mais difícil, o motivo de tantas empresas novas terem nomes curiosos. Finalmente, Nick, meu sócio, entrou no site eBay e descobriu que www.youwish.com estava à venda. Era um nome de domínio perfeito em todos os sentidos. Nick ofereceu o lance mais alto, mas ainda estava abaixo do preço solicitado. Assim, não conseguimos comprá-lo. Enviamos um e-mail diretamente para o proprietário do domínio, em Los Angeles. Ele havia administrado um site pornográfico, mas havia parado com esse trabalho. Não tínhamos certeza de quão correto era o rapaz. No final, acertamos um preço, fizemos um depósito em garantia e assinamos a transferência. O domínio era nosso. Passaram-se semanas até que o URL (Localizador-Padrão de Recursos) estivesse em nossas mãos e antes de eu parar de ser supersticioso sobre o fato de nos tornarmos donos do domínio.

Todas as pessoas gostam do nome, e ele é perfeito para o que estamos fazendo. Foi uma grande vitória. Como acontece com todas as pequenas empresas, cada vitória é um passo mais perto do sucesso. Permite que você aproveite outro bom momento, em vez de sempre se estressar por causa dos maus momentos. O fato de anteriormente um site ter sido pornográfico significava que todos os principais mecanismos de busca da internet o haviam colocado na lista negra — somente depois de meses o endereço entrou na lista de sites seguros. Hoje, está sofrendo de rankings baixos no Google. Droga, dois passos para frente e um para trás.

> Como acontece com todas as pequenas empresas, cada vitória é um passo mais perto do sucesso.

Ao encontrar uma forma de criar valor adicional a partir do que está fazendo, celebre. Celebre o fato de ter sido genial e criativo. Quando fechamos duas parcerias para a You Wish, que eu nunca havia imaginado, mas que as pessoas acreditaram que seria um sucesso real, mereci elogios pelo trabalho benfeito.

Mark de Wesselow, fundador do Square Meal, também reitera essa questão: "No início, anote seus objetivos, de modo que possa celebrar o momento da realização. O perigo é você sempre redefinir os objetivos; assim, você nunca diz: 'Muito bem, trabalho feito'. Para a própria psicologia, você precisa celebrar as pequenas realizações. Não há nenhuma outra pessoa que dará tapinhas em seu ombro, como um elogio".

> "Para a própria psicologia, você precisa celebrar as pequenas realizações. Não há nenhuma outra pessoa que dará tapinhas em seu ombro, como um elogio."

Há uma lista semisequencial de todos os momentos decisivos de uma nova empresa. Começa com a ideia do negócio e a confirmação de que existe uma oportunidade. Em seguida, há a questão do nome e da contratação dos profissionais certos. Que podem começar com os fundadores, mas rapidamente eles se beneficiarão de não ter executivos e consultores. Então, você tem uma ideia, uma equipe e uma empresa; nesse momento, precisa de um produto ou serviço que funcione e de clientes que o adorem. Talvez você precise de parceiros para ajudá-lo a se expandir e de um relações-públicas que divulgue seu negócio para mais pessoas. Em seguida, ele felizmente começa a gerar receitas e, depois, lucros. E, talvez, ao longo do caminho, você precise de investimento externo. Celebrar cada vez que você alcança um desses momentos importantes é decisivo para o sucesso e para manter o moral elevado, algo fundamental quando os tempos ficam inevitavelmente mais difíceis.

Tanto quanto celebrar o sucesso é importante ter alguma diversão e alegria ao longo do caminho. Podem ser surpreendentemente pueris, mas quebram a tensão conforme você progride. Lembro-me de estar em um bar, em Nova York, em 1997, quando John Hunt e eu discutíamos sobre a conveniência de abrir um escritório na cidade. John foi o fundador original da syzygy e meu sócio. Ele é um empreendedor em série, que criou e vendeu a Obongo, empresa de *software*, para a AOL, enquanto eu administrava a syzygy, e, posteriormente, fundou a Oriel Wines. Falávamos sobre negócios com alguns potenciais parceiros quando consegui levantar e prender a saia de uma garota muito bonita, deixando à mostra a parte de trás de sua calcinha sem que ela percebesse. Era exatamente como o famoso pôster da década de 1970 da tenista coçando seu bumbum desnudo. A cena tanto divertiu como chocou John, e sempre nos traz boas recordações.

As pessoas dirão para que você reconheça o sucesso todos os dias e o anote em algum lugar como um lembrete do que foi alcançado. Então, você pode reunir seus sucessos como um veículo para construir uma escada. Mas isso é conversa fiada. Você nunca fará isso, porque estará correndo como uma galinha sem cabeça a maior parte do tempo.

Qual é a fórmula real para captar os momentos de euforia?

1. Utilize seus sucessos do passado como lembretes para você mesmo e para os outros a respeito de quão bom você é e de quão bom será. Reflita sobre esses sucessos — não somente sobre os grandes, mas sobre os menores que você já teve.

2. Transforme a mudança e a experimentação numa parte aceitável da cultura da empresa. Nada é para sempre. Tudo pode ser melhorado. Toda nova ideia ou ponto de vista que você tem é outro sucesso. Desse modo, nada é percebido como insucesso, mas sim como ponto de aprendizagem rumo ao seu sucesso inevitável e derradeiro nesse empreendimento. Isso também significa que as novas ideais sempre são momentos de euforia, de entusiasmo.

3. Lembre-se dos obstáculos que você superou para chegar aonde chegou. E você pode alcançar ainda muito mais, mas isso não significa que tudo é um lixo. Quer dizer que você realizou um trabalho brilhante de superação de diversos problemas que teriam paralisado outras pessoas.

4. Dê risada sempre que puder.

5. Seja claro sobre seus objetivos, para que você saiba quando alcançou um deles.

Parte II

Suportando a pressão

NO INÍCIO, SUA AUTOCONFIANÇA AJUDARÁ PARA QUE VOCÊ DÊ A PARTIDA.

É bastante assustador, mas é empolgante. Nesse momento, você está transformando seu sonho em realidade. Mas há surpresas iminentes e você deve ter um alto nível de resiliência para lidar com esses primeiros desafios:

- você sabe que seu produto não está bom, apesar de todo o trabalho preparatório que fez. Como lida com pessoas que não enxergam o que você enxerga? Como pode obter sucesso?;
- você está estressado. Como enfrenta o aumento do estresse? O que pode fazer para mantê-lo sob controle?;
- você precisa de ajuda. Tem de pensar de modo diferente sobre quem conhece e de como essas pessoas podem ajudá-lo. Você precisa de toda ajuda possível; talvez de amigos, talvez de familiares. Talvez alguém possa atuar como mentor?;
- você estava seguro, mas descobriu muito mais concorrentes do que imaginava e alguns deles estão com um desempenho melhor do que o seu. Como enfrenta isso?;

- você está ficando enfezado com seus sócios, ou vice-versa. De que conselho precisa para ajudá-lo a melhorar esses relacionamentos?

O primeiro indício de que você pode se estressar é quando vê seu produto ou serviço. Ele é tão bem construído quanto você achou? Você está ganhando dinheiro com ele? O que as outras pessoas acham de sua proposta? Valorizam seu produto?

Capítulo 6

Cortando e voltando a cortar

COMO CHEGAR AO PRODUTO CERTO?

"Chris, não consegui. Não tenho certeza do que pretendo fazer ou usar isso para que..."

Como alguém sensato pode dizer tal coisa? O que você faz é óbvio?

Na realidade, não. Se o cliente não comprar ou não gostar, a falha será sua e não dele. Fiquei irritado com um amigo que não entendeu o que estávamos tentando fazer. Mais que irritado, fiquei furioso. Zanguei-me com ele, zanguei-me comigo mesmo e zanguei-me com nosso produto.

Machuca porque é pessoal. Você dedicou horas, semanas, meses e até anos em alguns casos, para criar algo que acredita ser viável. Deve estar certo. Bem, na verdade, não. A ideia pode estar correta no papel, mas não significa que a materialização esteja correta. Pode ser rejeitada em poucos minutos, às vezes até em poucos segundos. "É brutal", como um amigo norte-americano afirma em seu sotaque de Nova Jersey. A verdade é que a internet e a explosão da comunicação e da tecnologia dos últimos dez anos transformaram todos nós em "comentaristas". O poder das pessoas decolou, e qualquer um que ousar colocar seu novo bebê no parapeito pode se queimar rapidamente. A internet também serviu para que milhões de pessoas pusessem em prática ideias que talvez nunca fossem bons negócios.

Há uma diferença fundamental entre ideia e produto, e as pessoas não devem confundir as duas coisas. Muitas pessoas têm ideias, mas convertê-las em grandes produtos é outra história. No fim, um produto é suficientemente bom quando as pessoas querem usá-lo e pagar por eles. O dinheiro fala mais alto. Alguém tem de pagar pelo seu produto em algum lugar ao longo do caminho, mesmo se for um negócio potencial vendido aos seus usuários. Uma ideia muito inteligente sem cliente não vale nada.

Parte da dor que você sente no desenvolvimento do produto é que você se envolve muito em termos pessoais, além de assumir diversas suposições com falhas. Isso é parte do processo. Você tem de aceitar.

Vi muitas boas ideias de negócios fracassarem porque não houve tempo suficiente para forjar o produto ou o serviço correto. Leva tempo e dinheiro para dar certo.

Quando Vaughan e eu estávamos desenvolvendo nossa ideia para criar o On The Frontline, site de notícias *on-line* que patrocinaria cinegrafistas independentes de todo o mundo, descobrimos que havia mais que um produto a ser desenvolvido. Podia ser jornalismo de alta qualidade desde o *front* de guerra, ou talvez filmagens impactantes de regiões realmente perigosas e difíceis do mundo (Tibete, Birmânia, Zimbábue e China). Tinha o potencial de ser um produto incrível e único. Achávamos que podia ser muito poderoso, mas algumas pessoas consideraram o produto "pornô de guerra", e outras simplesmente acharam que era mais uma fonte de informações.

Nessas ocasiões, você precisa levar a vida em beta. Beta é o tradicional nome dado a *softwares* que foram aprovados em testes internos da empresa e, em seguida, liberados ao público para teste e *feedback*. Administrar uma empresa desse modo significa admitir que seus produtos e serviços nunca serão perfeitos e que sempre poderão ser melhorados por meio do uso e da experiência. Atualização e melhoria é o mantra que você precisa para viver.

Quando fundamos a eSubstance, que se tornou a Ink Publishing, acreditávamos que havia um grande mercado para empresas que compravam conteúdo de marcas conhecidas *on-line*. O produto era bom, mas não o suficiente para atingir as margens de lucro que precisávamos. De fato, já havia muito conteúdo na internet. Levou tempo para admitirmos isso. Como o presidente Jeffrey O'Rourke disse: "Levantamos dinheiro suficiente para aguentar algum tempo. Descobrimos que nosso negócio não funcionava. Tivemos muita sorte de encontrar um negócio que ajudou nossa reconfiguração. Achamos duas pessoas que foram decisivas para o nosso sucesso e mudamos para um modelo de publicações. Basicamente, viramos a Ink. Foi mais sorte do que um grande plano. É duro quando você não está estabelecido. As pessoas são muito céticas. Você enfrenta isso por meio de entusiasmo e trabalho duro".

O foco também é uma parte importante para se chegar ao produto certo. Hugo Dixon, da Breakingviews, disse: "No início, achávamos que podíamos ter grande variedade de conteúdo, mas nos concentramos totalmente em conteúdo financeiro, e nosso modelo de receitas mudou: passamos a aceitar somente assinaturas empresariais. Se tivéssemos mantido os outros modelos, teríamos falido". Depois de achar o alvo certo, você tem de se livrar da carga supérflua.

A perseverança é decisiva para se obter o produto certo. Lucy O'Donnell, fundadora da Lovedean Granola, conta sua experiência: "Estou muito apaixonada pelo meu produto. Realmente acredito nele. As pessoas gostam muito. Esse é o segredo do meu sucesso. Tenho essa crença e, por isso, não desisti. Assumi que posso superar os problemas. Estava produzindo na minha casa. Levou 11 meses para encontrar um fabricante. Briguei com um rapaz de tecnologia de alimentos. Fui uma das primeiras pessoas a fazer granola no Reino Unido. Na época (era 2005), ninguém sabia o que era granola. Então, achei um diretor-geral de uma fábrica que disse que me ajudaria e foi ótimo, porque ele não fez com que nos comprometêssemos com um volume anual. Em vez disso, disse que a produção envolveria certa quantidade: no meu caso, três toneladas. Fizemos testes; ficamos na fábrica até muito tarde da noite, até conseguir o produto certo".

> Depois de achar o alvo certo, você tem de se livrar da carga supérflua.

Geoffrey Gestetner passou anos na indústria básica, trabalhando para a Hanson, às vezes no que muitos de seus amigos consideravam lugares um tanto abandonados por Deus. Ele não se importava. Geoffrey adorava isso. Podia falar horas sobre chuveiros e acessórios de chuveiros. E ele tem uma paixão rara pela manufatura, algo que a maioria das pessoas não tem. Isso permitiu que ele adquirisse a própria empresa e a desenvolvesse com sucesso a partir do que aprendeu na Hanson. Disse Gestetner: "Jane [sua mulher] tinha de me tirar dos banheiros masculinos, já que eu estudava os mictórios".

Você precisa admitir que, se tiver somente meia equação e quiser crescer, outras pessoas precisarão entrar na empresa. Lucy, da Lovedean Granola, afirmou: "Precisava equilibrar minhas ideias com outras pessoas. Precisava de *expertise* de uma área semelhante à minha. Assim, Angus [Cameron] e Mark Cuddigan, da Dormen Foods [a Dormen Foods comercializava nozes no mercado internacional e foi adquirida pela Glisten, indústria de alimentos], juntaram-se a mim. Havia muitos paralelos em relação ao que eu estava fazendo e o que Angus havia feito na Dormen's Nuts. Uma das decisões mais difíceis que tive de tomar foi aceitar sócios; estava abrindo mão de parte do meu bebê, mas sabia que tinha de fazer isso para a empresa crescer".

A You Wish exigiu muito mais do que eu imaginava para chegar ao lugar certo, e foi um processo muito doloroso. Chegamos a muitos becos sem saída com nosso produto. Tivemos muitas visões para o negócio, mas, de diversos modos, tentamos condensar todas em um único produto, algo que não podemos fazer. Foi preciso ter a jornada básica absolutamente certa antes de chegarmos à verdade inteligente e terrível relativa aos produtos da internet: é muito fácil criar produtos que são muito complexos para a audiência. As pessoas também falam coisas diferentes para você. Os consultores e os designers querem lhe dar a resposta perfeita, mas a verdade é que você só deve escutar a audiência principal.

Esse é o ponto básico, como Seb James, da Silverscreen, declarou: "Você não precisa gostar de seu produto, mas tem de gostar de seu cliente. Tem de gostar dele em todas as suas formas e os seus tamanhos, e se entregar totalmente a ele".

Você precisa ter paixão real para chegar ao produto certo, e o árbitro supremo é o cliente. Você tem de continuar até o cliente dizer que você está certo. Nick Wheeler, da Charles Tyrwhitt, conta: "Quero que outras pessoas gostem do produto ou do serviço. Gosto de receber cartas de pessoas dizendo que uma de nossas camisas é a melhor que já tiveram, ou que alguém da central de atendimento fez um ótimo trabalho".

Isso também significa ter crença, como Matt Norton afirma sobre o produto da Sentry Wireless: "Não acho importante gostar, mas sim acreditar. Não me diga que você pode gostar de um *software antispam*, mas eu acredito. Você tem de acreditar que é de valor. Não tem de ser estimulante nem fazê-lo sorrir. Não há nada de sedutor a respeito de fraldas, mas, como pai de duas crianças, enxergo seu valor".

Como lidar com a dor de tentar conseguir o produto certo, de tentar dar ao cliente o que ele quer pagar? Eis algumas orientações fundamentais:

1. deixe o cliente ser o juiz e celebre esse fato. Não entre em pânico quando lhe disserem que as coisas ainda não estão funcionando. Faça o cliente lhe dar todo o *feedback* de que você precisa;

2. passe um tempo executando seu produto e repetindo esse processo. Entenda que você não executará com sucesso na primeira vez, nem talvez na décima, mas chegará mais perto. Siga a visão que a internet estimulou, aquela que mostra que o produto nunca está certo. Admita que o produto está permanentemente em beta e sempre pode ser melhorado;

3. identifique antes de qualquer coisa se uma pessoa precisa comprar seu produto. Caso você não consiga que ela pague pelo produto, você não tem o produto certo, e este nunca vai decolar. Talvez você precise mudar o modelo de negócio para ajustá-lo ao desejo dos clientes;

4. esteja preparado para obter ajuda adicional, mesmo que já tenha começado o processo. É melhor ter uma pequena fatia de uma grande torta do que uma grande fatia de algo muito pequeno.

Capítulo 7

Fatiando o cordeiro

COMO LIDAR COM OS SACRIFÍCIOS DE SUA VIDA

"Você sofre da síndrome de Guillain-Barré. Você precisa se internar no hospital amanhã ou terminará em um respirador em poucos dias."

"Deus, um respirador. Síndrome de quê?", pensei comigo mesmo, depois do médico me dar as boas-novas.

"Você tem de descansar. Vai ficar no hospital durante seis semanas, no mínimo. Talvez possa voltar a trabalhar em fevereiro", disse o médico cordialmente.

Mas estávamos somente no começo de dezembro. Natal no hospital? Nossa, teria de ficar todo esse tempo. E o meu negócio? Como eu podia descansar? E o meu pessoal? Tinha de pagá-los na próxima semana.

Nick, meu sócio, pediu para eu descansar.

Tudo bem ele dizer para eu descansar. Ele está investindo uma fração do dinheiro que eu estou. Estou pagando o salário dele, mas ninguém está pagando o meu. Jo, minha mulher, disse que eu precisava descansar e devia deixar para trás meu PC. Billie, meu psiquiatra, disse que eu precisava descansar. Argumentou: "Há uma velha expressão — seus nervos estão em frangalhos —, que significa que seus nervos literalmente formigam e não funcionam. Eis aonde você chegou. É sua mente dizendo para seu corpo desacelerar. Está dizendo que, se você não fizer isso, seu corpo fará. Você tem de achar um jeito de relaxar, ou a coisa ficará muito mais séria. Então, seu negócio não servirá para nada".

"E o que dizer das férias que programamos em Paris, no Natal, para celebrar a regressão do câncer de minha mãe? Droga, não consigo andar. Ou talvez consiga?"

"Não, você não consegue. A doença voltará se você fizer muito esforço rapidamente", o médico reiterou.

A Wikipédia me revelou que a síndrome de Guillain-Barré ocorre geralmente como polineuropatia desmielinizante inflamatória aguda. É frequentemente grave e provoca uma paralisia crescente, caracterizada por fraqueza nas pernas, que se espalha para os membros superiores e para a face, junto com a perda completa dos reflexos profundos do tendão. A morte poderá acontecer se complicações pulmonares graves e disautonomia surgirem. Isso parece sério. Talvez eu precise descansar...

Alcançar um equilíbrio entre trabalho e vida pessoal é a parte mais difícil de viver como empreendedor. Então, não surpreende que eu tenha ficado doente. Afinal, não tinha um equilíbrio apropriado entre trabalho e vida pessoal havia mais de dez anos. Há alguma surpresa, nessa louca corrida para criar minha nova empresa, de eu ter sacrificado a minha saúde? Mesmo Roland Rudd, fundador do grupo Finsburry, fornecedor de comunicações financeiras globais, que assinou seu primeiro cheque para Finsburry antes de ter deixado seu emprego no *Financial Times*, admitiu que "minha mulher diz que, às vezes, sacrifiquei a vida familiar para criar a Finsburry". Considero que Roland sofreu menos que a maioria dos empreendedores de sucesso que conheço.

O sacrifício é parte da barganha que você faz como empreendedor.

Mark de Wesselow afirmou que "lastimo ter sacrificado, sem preocupação, a segunda metade dos meus vinte anos. Era uma boa época para a socialização, mas precisava de renda disponível. Sentia inveja das pessoas que tinham empregos fixos".

> O sacrifício é parte da barganha que você faz como empreendedor.

Vaughan contou sobre um de seus sacrifícios: "Precisava de capital. Ninguém achava que funcionaria. Tive de convencer meus pais a me emprestarem dinheiro contra todos os seus ativos. Teria destruído a única coisa que fora criado para proteger se fracassasse. Meus pais não entendiam o projeto, nem o valorizavam. Minha insistência provocou muito estresse".

Como Lucy, da Lovedean Granola, afirmou: "É preciso fazer concessões. É uma escolha. Não tenho tempo livre. Sacrifico o sono. Nunca vejo um filme. Não vejo meus amigos. É difícil para as pessoas entenderem se não estiverem vivendo a mesma coisa".

O problema é que você não pode simplesmente desligar. Todo empreendedor que conheço revela que é uma ocupação de 7 dias por semana. Você não pode simplesmente desaparecer e tirar uma semana de férias.

> O tempo que você dedica ao seu precioso empreendimento é um tempo que nunca passará na companhia de amigos, familiares e entes queridos.

Deitado na minha cama do hospital, incapaz de dormir, com meus braços formigando por causa da síndrome, escutando os gritos ocasionais das pessoas da ala de neurologia, considerei o que faria. Como o novo projeto teria impacto sobre as minhas decisões? Significaria que eu não devia seguir adiante com meus planos? Mas não sabia o que poderia fazer em vez disso. Ou seja, gostaria de andar de Londres a Cabul, mas não agora. Tinha uma ideia para um parque temático incrível. Gostaria de ter e restaurar um castelo medieval. Mas não queria fazer nada disso até fazer o novo negócio funcionar. Era simplesmente inconcebível. E, no entanto, minha saúde não estava nada boa. O fato triste é que os médicos não sabiam o que causa a síndrome de Guillain-Barré. Eu sabia que o estresse do último ano havia ajudado a provocar a doença. Era óbvio. Como qualquer empreendedor sabe, você aposta dinheiro, saúde, família, amor, dignidade, crença, amigos e muitas outras coisas. Essa aposta pode machucar tanto que causa dor fisicamente.

Alguns sacrifícios são percebidos tarde demais. O tempo que você dedica ao seu precioso empreendimento é um tempo que nunca passará na companhia de amigos, familiares e entes queridos. Não é um tempo roubado só de você, mas deles também. Tem um efeito recíproco em termos de sair da vida. Eles estão mais por conta própria. Não têm sua atenção. Eles precisam? Você não pergunta. Então, você não sabe. Você trabalha enquanto o sol está brilhando no fim de semana e, às vezes, a busca interminável nem sempre parece valer a pena.

E como ficam os outros que realmente precisam de sua ajuda, que você provê com tão pouca frequência? Minha mãe com câncer e os efeitos colaterais terríveis da quimioterapia, imobilizada, sozinha, em Cognac, no meio da França, com 74 anos. As vezes que não consegui vê-la são vezes que nunca voltarão.

Sabia que estava sacrificando uma vida familiar convencional. Meu trabalho vinha antes de tudo: minha mulher, uma vida normal, minhas amizades ou a vida que meu pai ou minha mãe tinham. Sabia que estava sacrificando certa quantia de dinheiro, suficiente para comprar uma segunda casa. Mas, na medida em que você sabe o que sacrificará, isso ajuda. Significa que, embora você não goste, ao menos você não se arrependerá. Você pode odiar a angústia, mas entenderá as decisões tomadas. Afinal, o arrependimento é uma emoção venenosa. Estava claro que eu estava pronto para sacrificar todas essas coisas. Porém, você nunca sabe o quão longe irá, mas, se você refletiu a respeito, sua intuição dirá para onde ir e você terá de segui-la.

Quando você se depara com um sacrifício inesperado, como uma doença, precisa se adaptar, e isso é outra grande graça protetora dos empreendedores de sucesso: eles são capazes de se adaptar. Sabia que tinha de encontrar um modo de recuperar a minha saúde. Apesar de dizer que estava preparado para aceitar sacrificar diversas coisas, sabia que tinha de achar um jeito de recuperar o equilíbrio ou o sossego da minha vida, ou todos os meus outros sacrifícios não serviriam para nada.

E, assim, conforme os meses passavam, e como resultado de minha doença, descobri que quanto mais estressado ficava, mais as extremidades de meus dedos das mãos e dos pés ficavam frias e latejantes, como se estivessem sendo desgastadas. As extremidades atuam como estranho termômetro para medir o quão estressado estou. O tempo todo me pergunto se deveria me esforçar para fazer alguma coisa ou se deveria recuar e descansar por causa do medo de acabar novamente no hospital. É uma ação enérgica estranha, que tenta o equilíbrio entre alcançar uma saúde melhor e manter o negócio em funcionamento.

Quando um novo sacrifício se apresenta, você questiona um pouco mais severamente se o que está fazendo é sensato. Larguei meu último emprego para criar minha empresa no momento em que minha mãe descobriu que tinha câncer, em junho de 2008. Em julho de 2009, estava de luto por sua morte prematura. Estranhamente, no instante em que alguém morre, você se move mais rapidamente do que se moveu quando a pessoa estava viva: cheguei a Cognac na segunda-feira, 24 horas depois de ela ser descoberta por um bombeiro francês. Seu corpo frágil havia desistido. Tínhamos falado de levá-la para a Itália em setembro, quando ela terminaria sua segunda sessão de quimioterapia, e eu havia passado os meses tergiversando a respeito de quando visitá-la; agora não tergiversaria mais. Cremamos o corpo de minha mãe na quinta-feira. Depois de tudo terminado, você tem de se sentir confortável por ter sacrificado algo tão importante quanto cuidar de sua mãe na hora em que ela precisou.

Então, como você lida com esses sacrifícios?

1. Aprenda a se adaptar. A gostar da incerteza, das surpresas, da liberdade, das escancaradas possibilidades humanas, tudo que tão poucas pessoas têm. Você precisa gostar dessa incrível liberação da camisa de força do emprego privado ou público. Tem de acreditar que não há outro modo de avançar para ter êxito. E obter êxito tem a ver com fazer o que gosta, criar algo sem depender de ninguém, que paga todas as coisas que você tem. O quão incrível é isso? Se você aprender a gostar disso, criará, no devido tempo, seu modo de sossego, que fará você relaxar nos tempos difíceis.

2. Fale acerca de seus sacrifícios com os outros. Não se contenha. Pare de vez em quando e verifique se os sacrifícios valem a pena. Pense a respeito disso com mais frequência.

3. Encontre um jeito de livrar sua mente do estresse durante um curto espaço de tempo diariamente. Ache um modo de fazer esse exercício. É difícil, mas faz uma diferença real para a sua saúde e paz de espírito.

4. Dê valor à "jornada" e não só ao destino. Se você aproveitar os altos e baixos do processo, achará mais fácil enfrentar os sacrifícios inevitáveis.

5. Tenha satisfação de lutar por seus objetivos de vida. Se eles forem importantes para você, certamente se sentirá confortável ao se dar conta de que está fazendo algo que importa, qualquer que seja o sacrifício.

Capítulo 8

Amigos, aliados e mentores

COMO PROCURAR AJUDA DAS PESSOAS AO SEU REDOR

"O Chris que conheci anteriormente tem todos os ângulos equacionados, além de todas as curvas, tangentes e porcentagens."

Quando li essa frase no final do e-mail de Melanie, quase gritei.

Melanie trabalhou para mim oito anos atrás. Incrivelmente inteligente, ela é formada em Oxford, dotada de muito conhecimento em diversas disciplinas, de redação à pesquisa, de desenvolvimento na internet à gestão de eventos. Nesse e-mail, oito anos depois de nossa última conversa, havia simplesmente um voto de confiança incrível. Um voto de confiança em minha capacidade e minha aparente invencibilidade, em uma época em que, na prática, esses votos de confiança eram muito poucos. Era inestimável para mim.

Era ainda mais comovente porque eu não tinha todas as respostas equacionadas. Quando Melanie descobriu nosso site, foi totalmente por acaso, já que ela sabia muito mais sobre mídia social do que eu. Eu estava procurando pessoas que podiam ajudar e ela surgiu de repente. Uau! Essa é a coisa louca a respeito de ser um empreendedor: as coincidências parecem acontecer todos os dias. Aparentemente, não funciona na vida corporativa ou na existência padrão das 9 às 17horas. As pessoas fazem o que precisam fazer e vão para casa.

Por que você precisa de pessoas? Porque todos nós nos deparamos com problemas. Os empreendedores topam com eles diariamente e muitas vezes não têm ideia de como solucioná-los. Você tem de pedir ajuda para resolvê-los. Tem de aprender a pedir ajuda para diversas coisas diariamente. Como se diz, você não tem frequentemente mais de 50% da informação disponível para tomar uma decisão ou solucionar um problema. E tomar decisões é o que você precisa fazer. Assim, você deve usar os amigos e aliados toda hora e sempre que possível. Como empreendedor, você é um caçador, que coleta, põe-se a caminho e busca com perspicácia seu objetivo. Algumas pessoas podem fazer isso por conta própria, mas a maioria não é capaz. Desse modo, você precisa de pessoas para comentar o que você está fazendo, elogiar, tranquilizar, desafiar e até criticar.

> Você precisa de pessoas para comentar o que você está fazendo, elogiar, tranquilizar, desafiar e até criticar.

Como Peter Christiansen afirmou, "tentei depender de muito poucas pessoas. Subestimei o poder de uma rede".

William Reeve, da LOVEFiLM, disse que "dependo de minha rede de pessoas. A maior parte dos 2 milhões de libras esterlinas que levantei para a LOVEFiLM resultou de minhas conexões".

E essa é a coisa incrível a respeito da humanidade: a capacidade de as pessoas surpreenderem com sua generosidade e seu apoio. Se você estiver aberto para elas, você consegue. As pessoas o ajudarão de todas as maneiras. E, no apoio emocional, há sinais muito pequenos de crença, crença de que você pode fazer, de que você pode superar tudo.

Constatei que há sete tipos de pessoas que você encontra como empreendedor e nem todos são prestativos. Os sete tipos são: os rejeitadores, os céticos, os inquiridores, os aliados, os defensores, os amigos e os mentores. Você tem de saber como lidar com todos. Precisa reconhecer também que algumas pessoas se enquadrarão em mais de um tipo.

Os rejeitadores acham que você falhará. Eles equivalem a más notícias. Sugam seu entusiasmo natural e sua energia. Ao se deparar com eles, afaste-se. Eles não ajudam.

Os céticos são diferentes. Incluem-se aqui um investidor de capital de risco que não está convencido ou um amigo que acha que você está louco. Eles tendem a não se dar ao trabalho de perceber suas forças latentes. Essas pessoas são úteis. Considere-as como o inimigo, a concorrência. Concentre-se em provar que estão errados. Como Sun Tzu afirmou em seu livro *A Arte da Guerra*, as oportunidades surgem das aberturas no ambiente, causadas pela fraqueza relativa de seu inimigo dentro de uma determinada área. Os céticos o ajudam a enxergar suas fraquezas, mas ajudam também a destacar as suposições do mercado corrente. Involuntariamente, eles auxiliam você a explorar essas suposições.

Bruce Dodworth era um cético. Bruce é um relações-públicas de formação clássica, que trabalha como autônomo e que assessora diversas grandes empresas em suas estratégias de comunicação e relações-públicas. Como diversos bons profissionais de sua área, tem um senso infalível de como a mídia considerará algo e como você pode tentar formatar sua mensagem de modo adequado. Contratei Bruce para cuidar de nossas relações-públicas quando eu estava ajudando a Icomera com seu marketing — era a primeira companhia do mundo a disponibilizar acesso sem fio à internet em trens públicos.

Agora, estava pedindo seus conselhos em nossa estratégia de relações-públicas apenas como amigo e como alguém com quem havia trabalhado anteriormente. E Bruce deu conselhos, não apenas uma vez, mas diversas vezes, durante meses, sem me cobrar um centavo. Ele começou como cético e simplesmente não captou a ideia. Mas, conforme discutíamos e ele me dava conselhos, ele começou a entender. Bruce foi uma grande ajuda para nós, quando éramos incapazes de entender o que importava na situação, já que estávamos dando muita atenção aos detalhes. Você pode obter conselhos dos céticos, e eles podem ser muito úteis porque, se você convence essas pessoas, está na metade do caminho do sucesso. Assim, tire proveito de seus contatos quando precisar.

Os inquiridores estão interessados em você. Eles têm curiosidade sobre o que você está fazendo. Não se revelam como sendo positivos ou negativos. Querem saber mais e, em certos casos, querem saber se há um ponto de vista útil para eles mesmos. Não necessariamente lhe revelarão o que concluíram, mas às vezes revelam. Essas pessoas são merecedoras de envolvimento. Podem ser aliadas ou parceiras, ou podem apenas lhe dar um vislumbre de como pessoas e empresas diferentes estão reagindo ao seu negócio. Frequentemente, isso é útil. Muitas vezes, você encontra inquiridores em grandes empresas, que estão interessados em empresas novas menores. É fácil ficar paranoico em relação a esses inquiridores, achando que roubarão suas ideias. Na realidade, cheguei à conclusão de que eles fornecem perspectivas úteis. Fui ver presidentes de grandes empresas, assim como pessoas que procuravam iniciar negócios no mesmo espaço. Uma em cinco vezes algo valioso resultou dessa experiência. É uma proporção útil.

Os aliados são positivos. Eles podem não ajudá-lo de todos os modos possíveis, mas formam uma barreira de apoio para você contra os menos apoiadores. Cuide deles. Elogie-os. Se quiserem um favor, não negue. Eric é um defensor e um aliado. Ele tem sua própria empresa, a Third Space, que é a melhor academia de ginástica do mundo. Ele disse que nossa ideia de negócio era óbvia e fazia sentido. Ele continuou a nos apoiar.

> Os aliados são positivos. Cuide deles. Elogie-os. Se quiserem um favor, não negue.

Os defensores têm uma crença contínua em você. Eles o elogiam e enxergam todos os pontos positivos e quase nenhum ponto negativo. Precisam fazer parte de sua cruzada em andamento. Podem ajudá-lo a instigar os outros. Jo, minha mulher, é uma defensora, entre outras coisas. Ela me deu apoio incrível. Escutou minhas falas intermináveis e descontroladas acerca do negócio. Não é apenas uma vez por dia, mas vinte. Ela escuta, aconselha e sorri. Também me pressiona a ver os aspectos positivos e expressar as histórias de sucesso. Sem seu apoio, a vida teria sido duas vezes mais difícil. Você precisa de defensores o tempo todo.

Victoria Baillieu, da Pay Check, revelou que encontrou um defensor: "Tínhamos um 'padrinho', um contador da insolvência. Ele analisava nossas contas e tinha encontros conosco. Ele dizia: 'Acho que terei de convidá-la para jantar, porque você não tem o suficiente para pagar uma água'. Ele nos enviou diversos contatos para negócios. Foi muito influente para nós. Ele nos deu trabalho e nos apresentou muita gente".

> Os amigos estão disponíveis para você. Eles não o abandonam e ajudam sempre que podem.

Os amigos estão disponíveis para você. Eles não o abandonam e ajudam sempre que podem. Você aceitará essas pessoas como fatos consumados, mas, no devido tempo, perceberá isso e retribuirá. Jonathan e Hacer costumavam trabalhar para mim anos atrás. Os dois são muito inteligentes e corretos. Eles me dão apoio incondicional, além de conselhos, e fazem críticas construtivas.

De fato, é impressionante. É incrível. Como Mark de Wesselow disse a respeito de sua futura mulher, Katherine: "A maioria das garotas não teria se apaixonado por mim. Eu não tinha muito tempo, nem muito dinheiro, nem muito compromisso. Era duro".

Finalmente, há os mentores. Os mentores são guias. Eles lhe dão conselhos com base na experiência real e prática. Às vezes, eles se colocam no seu lugar; outras, têm somente a *expertise* de entender qual é a questão e quais são as escolhas. Eles não julgam você, nem o punem. É o seu negócio e não o deles. Estão tentando somente ajudar como uma voz amigável no negócio. Quer eles acreditem completamente ou não, eles apoiam você. São realmente providenciais, mas difíceis de achar. Procure-os.

Não tenha medo de ignorar seus conselhos, como Ingrid Murray afirmou: "Achava difícil pedir a opinião de outra pessoa, porque sentia a obrigação de acatá-la. Aprendi que você pode pedir conselhos, mas isso não obriga você a segui-lo".

Tive mentores no passado. Frequentemente ignorei seus conselhos, mas, na maioria dos casos, eles tinham razão e eu estava errado. É chato quando você constata isso. Eu recomendo que alguém encontre um mentor antes de começar a pensar em criar uma empresa.

Não tinha um mentor quando comecei a You Wish e devia ter. Foi uma falha. Ele podia ter me ajudado a enxergar alguns erros antes.

De modo estranho, em diversos locais de trabalho o ato de pedir ajuda não é estimulado. No entanto, quando você está por conta própria, não é pedir. É mais como representar. Você está encenando. Você é a fonte de inspiração para muitas pessoas, porque está fazendo algo diferente. Você tem de captar esse *insight* e usá-lo. Algumas pessoas dizem que aquilo que você está fazendo é brilhante; outras dizem que é uma boa ideia, mas... e outras falam muito pouco. Seus pontos de vista são todos interessantes e há valor em quase todos. Quando alguém lhe perguntar a respeito de como seu império está se desenvolvendo, você sorri e diz: "De forma maravilhosa".

É isso realmente do que se trata: ser capaz de sorrir, enxergar os aspectos positivos do que você está fazendo e deixar que as pessoas ao seu redor entrem em sua vida. Pessoas que você não espera que lhe ofereçam apoio. Pessoas que você acabou de conhecer e pessoas que você conhece há anos.

Cinco coisas fundamentais que podem ajudá-lo a tirar proveito de seus amigos e aliados.

1. Veja a mão da amizade e do apoio em qualquer lugar. Pergunte para as pessoas sobre o que elas estão fazendo. Fale para elas a respeito do que você está fazendo. Converse com quem você não conversa normalmente. Procure encontros inesperados, novas pessoas, novas oportunidades. Você nunca sabe que valor pode ser criado até olhar lateralmente para este. As novas pessoas ajudam você a fazer isso. Elas o tiram da zona de conforto e o sujeitam a novos desafios. Quem sabe que palavras de sabedoria ou conexões você fará?

2. Faça uma boa ação aos outros. Procure ajudá-los de modo ativo. Junte-se a redes de pessoas semelhantes e se torne um colaborador positivo. Se você estiver aberto para ajudar os outros, eles o ajudarão. Conquiste aliados em todos os lugares que você vai, e, então, você poderá pedir a ajuda deles quando precisar.

3. Não se assuste com o fato de descobrirem que você não tem todas as respostas. Você não precisará ter todas elas. Seja transparente e se beneficie de sua honestidade.

4. Flerte, seduza, utilize cada truque do manual e equipe seu arsenal para se envolver com as pessoas.

5. Recorde-se de sua carreira para datar e identificar as pessoas que você respeita e ainda vê. Provavelmente, há pessoas que têm um pouco mais de experiência que você e que sempre têm algo valioso para dizer a respeito do que você está fazendo. Aproxime-se de uma delas e verifique se ela poderá ser sua mentora quando você iniciar sua nova empresa.

COMO VOCÊ DIFERENCIA OS BONS GAROTOS DOS MAUS?

1. Eles lhe oferecem ajuda de forma natural ou você tem de pedir?
2. Eles estão interessados em você pessoalmente ou por causa de outra razão?
3. Eles ajudaram outras pessoas antes; qual é a reputação deles?
4. Você ficaria feliz por ajudá-los porque você gosta deles ou os respeita?

Capítulo 9

Quando a inveja é uma coisa boa

COMO USAR SUA INVEJA DE MODO PRODUTIVO

"Eles consideraram o que você estava fazendo e acharam que tinham um modelo de negócios muito melhor."

Quando Andy disse isso, fiquei realmente zangado. Andy era meu antigo chefe na agência de propaganda e agora era um angel investor *(pessoa ou empresa disposta a investir em empresa nascente). Ele sempre se coloca de modo simples e direto.*

Mas o problema é que a verdade dói.

Na realidade, achei também que esse concorrente da You Wish tinha um modelo de negócios melhor. Era um serviço *on-line*, que mudava completamente o tradicional modelo de venda. A diferença básica entre nós era que o concorrente encontrou um caminho muito simples e muito efetivo para o mercado, fez parcerias com uma grande revista eletrônica especializada em carros e com o maior site de imóveis, e ambos promoviam grande volume de tráfego para o site deles, a favor de transações potencialmente de alto valor. Eles também tinham um executivo muito experiente em busca *on-line* na diretoria e isso agregava *insight* real.

O fato de Andy dizer que "falei para ele que vocês estavam fazendo coisas diferentes, com estratégias diferentes" serviu, por incrível que pareça, como um pequeno consolo.

Na verdade, achei que estávamos tentando fazer coisas diferentes, mas ainda assim fiquei irritado. E confuso por algumas horas.

Esse é o problema da inveja: ela é traiçoeira. É venenosa. Simplesmente solapa sua confiança.

Um dia você pode achar que está na frente de sua concorrência; no dia seguinte, é um choque perceber que alguém está fazendo melhor que você, alguém que você nunca soube da existência. Mas você sempre tem de se lembrar que a concorrência é uma boa coisa, é essencial. Se você não tiver nenhum concorrente, não terá um mercado. E sem um mercado, você não tem um negócio.

> Se você não tiver nenhum concorrente, não terá um mercado. E sem mercado, você não tem negócio.

De vez em quando, você vê um concorrente falir e tem um breve momento de satisfação. Lembro-me de um dos concorrentes da syzygy na internet, uma agência chamada Webmedia. Era a mais conhecida das primeiras agências na internet em meados dos anos 1990. Certo dia, a Webmedia simplesmente implodiu, ficou sem dinheiro. Nós nos sentimos incríveis. Estávamos prontos para assumir o posto de agência líder da internet no Reino Unido. Mas, nos doze meses seguintes, outras vinte agências foram criadas, e estávamos concorrendo com elas.

Acho que a inveja surge de diversas formas, em três sabores diferentes: baunilha, *rocky road* (chocolate com *marshmallow* e nozes), e cereja, para ser mais exato.

Em primeiro lugar, a inveja sabor baunilha. Você pode sentir inveja das pessoas que estão ganhando muito dinheiro, e você, não. Tendem sempre a ser os mesmos vilões. Em geral, são banqueiros. Eles simplesmente ganham mais dinheiro do que qualquer outra pessoa. Parece injusto, e fico com inveja quando penso a respeito de quanto eles ganham; mas não quero ser um banqueiro. Então, o que importa? Há também contadores e advogados, que são perenes. Eles florescem todos os anos sem falta. São pessoas que você não pode viver sem e, ao mesmo tempo, ganham muito.

Em segundo lugar, a inveja sabor *rocky road*. Envolve pessoas que concorrem em seu espaço. Elas estão próximas. E, às vezes, estão um pouco mais à frente do que você. Não necessariamente ganham mais dinheiro ou estão se saindo melhor, mas mesmo um pouco melhor pode parecer angustiante. Elas podem ganhar um contrato melhor que você. Podem lançar algo no mercado que é muito inovador e digno de relações-públicas. Ou podem se expandir para outro país ou setor antes de você.

Em terceiro lugar, a inveja sabor cereja. Você tem de aceitar o fato de que existem pessoas que são empreendedoras em outro espaço, que estão se saindo bem, que estão fazendo melhor que você. Ganham dinheiro e recebem aplausos por suas atividades. Isso o aborrece, pois você se amaldiçoa por não ter tido aquela ideia.

Em momentos distintos, todas essas pessoas podem irritá-lo e, às vezes, podem deixá-lo doido. E a sociedade tenta ensiná-lo que a inveja não é uma emoção útil.

Mas a inveja é realmente uma coisa ruim? Às vezes, para um empreendedor, a inveja pode ser uma arma poderosa, que pode ajudá-lo a ter sucesso.

> Às vezes, para um empreendedor, a inveja pode ser uma arma poderosa, que pode ajudá-lo a ter sucesso.

Como Jeffrey O'Rourke afirma: "Em uma equipe administrativa, é como uma corte de seus pares. As pessoas tentam impressionar umas às outras. É vaidade. Intelectualmente, é motivador. Lembro-me de que, em um Natal, estava lendo sobre o Google e pensei que poderia ter feito aquilo. É interessante observar pessoas da mesma idade que, repentinamente, nos superam. Por que ele? Por que ela? Eles não são mais brilhantes nem melhores".

Ações de colegas também podem inspirar você, como disse Nick Wheeler, da Charles Tyrwhitt: "A Boden tem um negócio fantástico. A empresa deu certo. Admiro-a. Vejo pessoas como Paul Smith, e elas me inspiram. Ele criou uma grande empresa. Não sou apressado e ele também não é. Quero construir uma grande empresa e é inspirador ver o que fizeram. Adoraria ter criado a Carphone Warehouse. Tento canalizar isso de modo positivo".

Isso obriga você a reformular seu pensamento, para desafiar a essência real de seu negócio e para buscar soluções melhores. No fundo, a inveja serve para que você possa identificar como atacar sua concorrência. Deve ajudá-lo a ver como reverter a situação e obter vantagem. Pode fazer isso porque, se a concorrência achar que tem um modelo melhor, ela poderá ficar preguiçosa e aceitará suposições tradicionais. Mas você tem de jogar sujo. Tem de usar todos os truques do manual, todos os planos que você puder encontrar em algum setor, permitindo-lhe agir duro.

Assim, não deixe a inveja atrapalhar seus planos. Alavanque a energia que ela traz para criar um efeito positivo. Aqui estão alguns modos específicos de utilizar a inveja positivamente:

1. não enfoque a concorrência o tempo todo. Isso provoca muita negatividade. Analise-a num horário definido toda semana ou todo mês e utilize esse tempo de modo construtivo. Mas, se você não estiver fazendo isso, preste atenção apenas no próprio negócio;

2. desconstrua o modelo da concorrência e procure definir exatamente que elementos são melhores e por quê. Pegue cada elemento, um por um, quer seja um produto, o modelo de negócios, o caminho para o mercado ou as parcerias, e pense acerca do que você pode fazer em relação a cada elemento para que fique melhor. Em cada caso, qual é a melhoria para o seu cliente? Como você pode atacar cada elemento e, assim, criar algo inegavelmente melhor? E não se sinta culpado a respeito de imitar as pequenas coisas, enquanto você trata de levar a melhor em relação às coisas maiores;

3. lembre-se de que você está tentando ser melhor ou diferente ao fazer a própria coisa, sem imitar a concorrência de modo submisso. Assim, siga o próprio caminho e não tenha medo de ser diferente;

4. reflita sobre seus aspectos positivos. Eles existem. Você tem as próprias forças. Só precisa entendê-las e usá-las. Você e sua concorrência podem ter sucesso. Não existe um mercado que funciona devidamente com um único concorrente;

5. considere aquilo que sua concorrência faz sugestivo de que você tem algumas lacunas em sua base de habilidades que precisa preencher. Você está sendo pego de surpresa por alguma coisa?;

6. fale a respeito de seus receios e suas preocupações relativas à concorrência. Não se reprima. Apresente seu ponto de vista para outras pessoas. Além de colocar as coisas em perspectiva, também lhe dará uma visão honesta de onde você está.

COMO VOCÊ FLERTA COM O SUCESSO NOS NEGÓCIOS?

1. Sorria. A maioria das pessoas se apresenta com uma aparência deprimente. Sorrir para as pessoas torna você ainda mais amigável; isso é metade da batalha.
2. Mostre interesse. Não finja interesse. Demonstre interesse genuíno. Preocupe-se sobre o que está acontecendo na vida das outras pessoas. Como passaram à noite? Estão bem?
3. Seja amável. Faça mais por alguém.
4. Seja ousado. Faça algo inesperado. Defenda algo. Seja diferente. Seja alguém que as pessoas querem conhecer.

Capítulo 10

Amigos ou sócios?

COMO FAZER A RELAÇÃO FUNCIONAR COM SEUS SÓCIOS?

"Não me diga mais o que fazer. Já encheu. Me deixe em paz. O negócio vai dar certo", gritei para o meu sócio.

Você arruma confusão na empresa pelos mesmos motivos que arruma confusão em casa. Ou alguém fica entediado e começa a pressionar, ou os dois lados se concentram somente nas respectivas fraquezas, e a empresa não se desenvolve ou a relação acaba ficando desigual. Em última análise, as paixões podem ser muito intensas e estragar a festa. Finalmente, você não é capaz de ficar no mesmo recinto em que está o seu sócio. Eu estava ali. Lembro-me de só querer esmurrar meu sócio.

Não há surpresa nisso. Uma pessoa passa mais tempo com seu parceiro de negócios do que com o marido, a mulher, a namorada ou o namorado. A relação comercial é incrivelmente íntima. Consiste de esperanças, sonhos e destinos, e frequentemente desastres quando dá errado. Provoca altos e baixos incríveis.

> A relação comercial é incrivelmente íntima. Consiste de esperanças, sonhos e destinos, e frequentemente desastres quando dá errado.

Se você tiver sucesso prematuro e grandes sonhos, tenderá a cimentar as relações e juntar os sócios. Lembro-me de uma viagem a Nova York, no começo de 1997, com meu sócio John. Tínhamos conseguido alguns grandes clientes, como Mars e Cartoon Networks, e estávamos nos sentindo invencíveis. Iríamos conquistar o mercado de internet de Nova York, mas ainda estávamos gerando muito pouca receita. Nada poderia nos deter. Tínhamos muita energia e todo o charme britânico. Não conquistamos os Estados Unidos, mas vencemos na Europa, vendendo a empresa, em 2000, na Bolsa de Valores de Frankfurt, por 240 milhões de euros.

No entanto, há diversos sinais de advertência que indicam que a relação pode azedar, mais rápido do que você é capaz de perceber:

- vocês não estão sendo leais e honestos entre si em termos das respectivas cargas de trabalho e de compromissos, ou em termos de dinheiro;
- você pararam de se apoiar publicamente e reclamam um do outro em todas as oportunidades;
- vocês simplesmente não confiam mais um no outro: essa é uma verdade não declarada.

No momento em que esses sinais de advertência começam a aparecer, você sabe que precisa parar e dar ao relacionamento a consideração apropriada, porque logo vocês não se falarão mais. Nessa altura, vocês discutem tanto que é mais fácil ficar em silêncio. Se a situação chegar a esse ponto, isso terá de se transformar em sua prioridade número um. Você deve dedicar um tempo para resolver o problema. Pode ser um tempo em conjunto ou um tempo por conta própria. Às vezes, fica tão ruim que vocês precisam de ajuda externa para atuar no papel de mediador. Sem dúvida, nos primeiros dias de uma nova empresa, quando as ideias ainda estão germinando, pode-se achar que pessoas diferentes desejam seguir direções distintas. Isso é natural e, às vezes, vocês têm simplesmente de deixar as coisas se dividirem. Mas, a menos que vocês se sentem em torno da mesa e conversem a respeito de onde querem ir e o que está ou não funcionando, não terão resultados. Então, o relacionamento explodirá.

Lembro-me de que John e eu costumávamos conversar fora dos escritórios da syzygy, porque havíamos começado a discutir muito e não queríamos que os outros vissem. No fim, a válvula de pressão foi aliviada, porque John começou outro negócio e eu fiquei concentrado na syzygy.

Todos nós conhecemos empresas em que os fundadores passaram a se criticar em público. Isso tem um impacto muito negativo sobre as outras pessoas. Se vocês não conseguem trabalhar juntos, por que as outras pessoas devem achar que está tudo bem e vão querer trabalhar para a sua empresa? Se isso acontecer, peça ajuda externa. Encontre alguém para atuar como mediador. Encontre uma solução que dê conta do problema. Se não conseguir encontrar uma solução, talvez seja melhor que um dos fundadores deixe a empresa, para permitir seu bom funcionamento. Isso pode parecer terrível, mas, muitas vezes, é para o melhor interesse de todos que algum valor continue a ser agregado na nova empresa, em vez de tudo implodir e ninguém ganhar nada.

O esforço dos dois lados é recompensador. Como Matt Norton, da Sentry Wireless, afirma a respeito de seu sócio comercial: "Temos muito boa comunicação. Não é uma crítica pessoal. Nós dois nos esforçamos para mostrar atenção em relação à outra pessoa. Somos muito cooperativos. Raramente tomamos decisões sem dar às outras pessoas a oportunidade de expressar suas opiniões".

Compensa ser realista. Como Jeffrey O'Rourke disse, "as pessoas são boas em coisas diferentes. Usam suas forças e aceitam suas fraquezas. Tente melhorar estas últimas".

Às vezes, as mulheres têm uma atitude melhor em relação a isso do que os homens, como Victoria Baillieu, da Pay Check, revelou a respeito de sua relação com Sophie, sua sócia: "Nós duas temos o mesmo ponto de vista de que nem tudo pode ser um campo de batalha. Se eu sentir muito intensamente alguma coisa, Sophie provavelmente me acompanhará, e vice-versa. Entendemos em conjunto e individualmente o que temos de fazer". Esse pragmatismo é inestimável em uma nova empresa.

E dar espaço um ao outro, como Greg Hafield, do Soccernet, comentou sobre seu filho Tom também: "Houve vezes em que Tom quis que eu fosse só seu pai, sem que eu tentasse lhe vender outra ideia. Mas eu sei muita coisa, e isso era interessante para ele. Enquanto estávamos providenciando placares de futebol, falávamos acerca das grandes questões da humanidade. Havia camaradagem real, mas houve vezes em que eu o enchia".

> O outro requisito básico é criar certo ritmo natural na relação.

Depois de assumir que vocês ainda se falam, o outro requisito básico é criar certo ritmo natural na relação. Em quase todas as relações comerciais, os rituais desempenham um papel importante para a obtenção desse ritmo. Eles proporcionam uma sensação estranha de bem-estar em uma hora incômoda. Frequentemente, esses rituais têm a ver com locais de reunião e comer e beber. Antes de Nick, meu sócio, e eu começarmos, nos reuníamos em um local que achávamos ser o ponto de encontro mais caro de Londres, o Athenaeum Hotel, em Piccadilly, onde comíamos a coisa mais barata do cardápio, "Piccadilly porkers" (linguiças para você e para mim!), mas ao menos não tínhamos de pagar para sentar ali todos os dias. Para compensar, pegávamos diversas revistas elegantes no *lounge* e muitas jujubas na recepção. Por um tempo, havia uma garçonete ali, Laura, com quem flertávamos. Todos os comentários e risos contidos uniam Nick e eu. Pequenos prazeres em uma época de muito estresse. Depois que a empresa começou a atuar, íamos ao café Frank e conversávamos sobre dominação global ao mesmo tempo em que comíamos ovos, salsichas e batatas fritas. Não importa o lugar, desde que haja alguma estabilidade subconsciente de comportamento.

Claro que essas relações requerem histórias de humor e guerra. Eis por que há um setor emergente na criação de mitos empresariais que movem a força de trabalho para frente em conjunto. Essas relações, muitas vezes, requerem apoio mútuo substancial. As pessoas estão sob muita pressão e, assim, vocês muitas vezes precisam tomar um drinque juntos para relaxar e liberar a pressão. Nessas ocasiões, é incrível a facilidade de trocar histórias a respeito de todos os tipos de problemas pessoais com quem você não conhece muito bem. Podem ser problemas conjugais ou de relacionamento. Ou problemas financeiros. E, conforme a vela queima, você aprende coisas incríveis sobre seus sócios de negócios em um espaço de tempo muito curto. Muitas vezes, essas conversas acontecem tarde da noite, quando as defesas estão mais vulneráveis. Mas esse detalhe não importa se ajudar todos vocês a ter um bom relacionamento. Essa é a chave do sucesso.

Mas você tem de lembrar que ainda é um negócio.

Às vezes, você precisa manter certa distância. Matthew Page, empresário da Feeder, salientou como esse tipo de atitude era decisivo para seu sucesso: "Fizemos tudo juntos. Nós nos arrebentamos em um bordel de Tóquio. Tive uma noite muito emotiva ali com um integrante da banda. Ele me viu como um homem destroçado. Fizemos tudo. Mas o motivo pelo qual continuamos juntos é porque eu me mantive um pouco a distância. Concentrei-me no negócio acima de tudo".

Mas o que acontece se não é só um negócio? O que acontece se seu sócio for seu marido, como no caso de Janie Brown, da Jane Brown Shoes? Em 1997, Janie começou por conta própria e rapidamente atraiu a atenção da Bergdorf Goodman, loja de artigos de luxo, que abriu o mundo dos sapatos para ela. Janie convidou seu marido, Paul, a se juntar a ela na empresa alguns anos depois.

Janie afirma: "Gostei da ideia de trabalhar com Paul. Parecia muito agradável e orgânico. As crianças crescendo, nós todos juntos, todos indo a feiras de negócios. Confiava nele totalmente. Era delicioso. Mas o negócio mudou quando começamos a contratar pessoas, e eu passei a delegar responsabilidades aos outros. Assumi uma função mais unidimensional como designer. Achávamos que funcionava, porque estávamos muito envolvidos com escolas, treinamento de pessoal, cuidados com as crianças, feiras de negócios nas férias. Estávamos incentivando um ao outro, mas não estávamos desenvolvendo a empresa de modo que as equipes desenvolvem empresas".

Frequentemente, também há uma luta pelo poder. Janie continua a explicar: "Tendo desenvolvido a empresa por minha conta e obtido muito sucesso, rejeitei uma sugestão de Paul que eu não acreditava. Havia aprendido a confiar na minha intuição, escolhia fábricas e pessoas para trabalhar em parceria. Era muito difícil deixar que meu marido anulasse meu instinto. Assim, comecei a suspeitar do instinto dele. Isso magoa os homens mais que as mulheres imaginam. Às vezes, eu criava dificuldades para que ele realizasse seu trabalho. Se ele não fosse meu marido, ainda teria discordado dele, mas isso teria parecido algo pessoal.

Em relação a um sócio, você naturalmente se torna exigente e crítico, mas ser exigente e crítico em relação ao seu marido não é uma coisa boa. Um sócio tem de executar. Se seu sócio executar, mas não conforme sua expectativa, e ele for seu marido, o que você fará? Vocês podem magoar um ao outro. E quem vai dizer que eu tinha razão?"

Se você for da família, será lógico que isso aconteça em algum momento. É melhor manter o casamento em pé e talvez o negócio em vez de destruir os dois. Esteja preparado para tomar uma decisão difícil. E, se você levar as duas coisas ao mesmo tempo, então encontre um jeito de deixar o "escritório" para trás. Como Jo Fairley, da Green & Black's, afirma: "Craig [marido e sócio de Jo] e eu dependemos um do outro. A maioria dos meus amigos não está no setor. Você não pode esperar que eles entendam. No entanto, Craig e eu procuramos bloquear nossa ansiedade durante uma hora todas às noites. Conversamos sobre todos os problemas e, em seguida, nos proibimos de discuti-los pelo resto da noite. Isso ajudou a compartimentar as coisas".

Se você não for da família e a confiança se perder porque uma parte começa a fazer outras coisas ou até criar outra empresa, um lado provavelmente romperá seu lado da barganha. Vocês têm de se dar. Se não for possível, talvez seja o momento de vocês romperem.

Então, como você faz as coisas funcionarem? Há alguns conceitos básicos que você precisa entender corretamente:

1. honre seus compromissos. Os sócios têm de descobrir suas forças e suas fraquezas, e aprender o toma lá dá cá. Paguei para Nick redigir uma proposta comercial detalhada, que seria o precursor do plano de negócios. Achei que ele havia realizado um trabalho medíocre. Ele concordou que não estava perfeito e me devolveria o dinheiro. No entanto, achei que eu tinha de honrar meu compromisso com ele se fosse para confiarmos um no outro na sequência. Eu não havia definido o trabalho muito bem e, assim, era parcialmente culpado. Se você não for capaz de honrar seu compromisso, confesse tudo e converse com seu sócio comercial a respeito disso. Não espere que essa situação exploda de repente. Procure encontrar uma solução alternativa;

2. saiba e compreenda como seus sócios atuam. John Bates, professor-adjunto de empreendedorismo da London Business School e empreendedor, afirma: "A prática é a parte mais importante de fazer o negócio funcionar com seus sócios. Você precisa saber como eles atuam. Não é como uma relação de emprego. Baseia-se na confiança. É muito mais intuitivo";

3. converse. E depois converse mais. Você deve se comunicar. Tem de falar quando sentir que está desapontado. Deve elogiar quando for mere-

cido. Precisa escutar mesmo se concordar. Se você não der uma boa direção, as pessoas se perderão. Se você for o chefe, certifique-se de que seu pessoal sabe o que se espera dele. O motivo de o exército ter estruturas de comando e regras tão precisas é porque será irremediavelmente ineficaz se os soldados se perderem ou não souberem o que fazer;

4. enlouqueça às vezes. Divirta-se. Embriague-se. Ao tentar iniciar uma empresa, você precisa ter diversão numa situação que é estressante;

5. obtenha mediação externa se não estiver funcionando. Encontre uma pessoa independente e a remunere para se sentar, pôr vocês para conversarem e superar os problemas;

6. respeite a necessidade de seu sócio por espaço. Se ele precisar de tempo para a família ou o que quer que seja, não interfira. Se vocês se tolherem muito, a coisa explodirá.

Parte III

Na zona de perigo

DEPOIS QUE VOCÊ ESTIVER COMPROMETIDO EMOCIONAL E MATERIALMENTE, E JÁ TIVER TRABALHADO NA EMPRESA POR UM TEMPO, AS COISAS COMEÇAM A SE APRESENTAR MAIS DIFÍCEIS ANTES DE FICAR MAIS FÁCEIS.

Você faz progressos, mas não tão rápido quanto o necessário. Há alguns sinais positivos iniciais, mas tem alguns contratempos. Você precisa pensar diferente a respeito das coisas, para ver se consegue algum impulso real. Você necessita da atitude mental correta agora, porque essa é a parte mais difícil. É o trabalho pesado:

- talvez você precise desafiar as próprias suposições um pouco mais. Você pode progredir mais se abandonar esse ponto de vista a respeito de seu negócio? Como você muda sua mentalidade e se adapta conforme vivencia o mercado? Muitos dos grandes empreendedores são como boxeadores, ou seja, realmente bons em se mover mais rapidamente do que os outros e em enxergar novos modos de fazer as coisas e novas oportunidades. Você deve ser como eles;
- é uma chateação, mas você precisa trabalhar com um grupo de advogados e contadores caros e outros consultores para fazer as coisas. Como você faz esse trabalho?;

- como você lida com a incerteza? A maioria das pessoas gosta da certeza e da estabilidade. Você precisa saber como administrar quando não houver ambas por perto;
- você tem de tomar decisões o tempo todo, mas como você toma as decisões certas? Talvez tenha de confiar em seus instintos um pouco mais do que confia. Precisa sentir o caminho certo;
- como você mantém todas as demais pessoas em movimento? Como mantém sua equipe motivada? Como alimenta o sonho vivo se há tanta decepção ao redor?;
- como você enfrenta a rejeição? Como lida com o desinteresse e o fracasso? Porque eles podem ocorrer.

Agora não é o momento de desistir. Não, agora é o momento de mostrar sua coragem. E o primeiro passo é ser flexível em seu pensamento para agir mais rapidamente que os outros, porque você está mais aberto às possibilidades.

Capítulo 11

Desafiando as próprias suposições

COMO SE SENTIR BEM AO DESAFIAR AS PRÓPRIAS CRENÇAS

"Por que você não levanta dinheiro no Catar? É uma grande oportunidade. Eles têm muito dinheiro e estão querendo investir nas indústrias do futuro. Eu posso colocá-lo em contato com as pessoas certas." Georgie, minha vigorosa tia australiana de 60 anos, perguntou-me isso no jantar. Ela tem conexões muito boas e está levantando dinheiro para a indústria de mineração, ainda que em valores muito maiores do que eu pretendo.

E ali estava eu achando que fecharia negócio com um banco de investimentos do Reino Unido e levantaria dinheiro em Londres. Achava que as taxas do banco eram exorbitantemente altas para o meu caso, que envolvia um empréstimo sem garantias. A conversa com minha tia suscitou uma oportunidade interessante. Georgie não era a primeira pessoa a sugerir que eu tentasse obter dinheiro no Oriente Médio. Mas eu podia fazer todas essas coisas imediatamente? Isso abriu outro caminho, e novos caminhos sempre são fascinantes para o empreendedor. Era outro caminho à frente; um caminho fora da categoria vigente. Se, naquele momento, eu rejeitasse o caminho do Reino Unido, teria de esperar até setembro para retomar a negociação. Era apenas o começo de junho e eu estava ficando sem dinheiro. Não podia fazer isso. Bem, achei que não podia, não naquele momento.

No dia anterior, o negócio que estávamos esperando fechar como o primeiro parceiro de canal tomou uma forma completamente diferente. Havíamos sugerido uma solução B2B (de empresa para empresa), com o parceiro nos pagando uma taxa de licença inicial — como ajuda para os fluxos de caixa — e, em seguida, fazendo uma partilha de receitas de 20%. Mas nosso parceiro voltou com um contraoferta, propondo um serviço ao consumidor com uma parceria meio a meio e sem dinheiro adiantado. Havíamos assumido que podíamos realizar partilhas de receitas só distribuindo uma pequena porcentagem, mas, naquele momento, tínhamos a oportunidade de negociar nossa primeira parceria, e o negócio precisava ser meio a meio. O lado positivo proposto por eles era que também fizéssemos uma parceria com uma marca de consumo muito grande, que, depois, faria o marketing sob sua marca. No entanto, se seguíssemos por esse caminho, teríamos de aceitar que poderíamos fazer diversos acordos com terceiros e acordos específicos por setor. Nesse caso, poderíamos competir com nosso serviço ao consumidor intersetorial? Em potencial, era uma estratégia basicamente diferente. E talvez fosse uma indicação de como nossa primeira estratégia precisava mudar. Se fechássemos o negócio, seria o primeiro. Uau, seríamos capazes de levantar o primeiro financiamento externo. Significaria que todo trabalho duro finalmente seria pago. Desse modo, era o caso de ter uma grande fatia de uma torta pequena ou uma pequena fatia de uma torta grande. Sem dúvida, ter parte de uma torta maior era melhor do que não ter nenhuma torta.

Uma das coisas mais exaustivas emocionalmente acerca de ser um empreendedor é que você precisa estar alerta para as mudanças de suas suposições o tempo todo. No mínimo, você precisa mudá-las ou adaptá-las o tempo todo. Você não pode ficar parado. Tem de ser receptivo a novas sugestões e, no entanto, permanecer fiel aos seus objetivos. A maioria das pessoas considera esse nível de mudança mental e de agilidade difícil de ser realizado. Afinal, é perturbador. De fato, a maior parte das grandes empresas ensina as pessoas a desenvolver planos e, em seguida, executá-los exatamente como se apresentam e do melhor modo possível, mas, por ser empreendedor de uma nova empre-

> Você não pode ficar parado. Tem de ser receptivo a novas sugestões e, no entanto, permanecer fiel aos seus objetivos

Desafiando as próprias suposições

sa, você deve fazer o inverso. Precisa ter um objetivo final e estar preparado para mudar o plano diversas vezes ao longo do caminho.

Ajuda ter um sócio. Como Matt Norton, da Sentry Wireless, afirmou: "Ter um sócio é fundamental. Vocês podem se olhar e dizer: 'Isso é besteira, você está sonhando'. E, da mesma forma, quando atingem algo que acreditam que é bom, vocês sabem que é bom porque os dois conseguiram enxergar isso".

Ser um empreendedor de sucesso muitas vezes significa assumir uma postura muito diferente em relação a um assunto. Significa quebrar deliberadamente um conjunto de regras ou um conhecimento estabelecido. Diversas novas empresas de sucesso fazem exatamente isso. Elas mudam a dinâmica do mercado ou modificam completamente o modelo de negócios. Em outras palavras, mudam a maneira pela qual sua empresa, em um determinado setor, cria valor. Considere como a Zara transformou a indústria da moda, trazendo as últimas tendências para o grande público de modo rápido e barato, ou como a Zopa e agora a Wonga tentam mudar o mundo da atividade bancária com modelos de empréstimo de usuário para usuário. Considere como a Nespresso desafiou o modelo tradicional de venda de café por meio de revendedores, indo direto à casa do consumidor e ganhando 32 centavos por xícara que você bebe. É a mudança do modelo ou a maneira de você pagar que sinaliza às pessoas que é uma proposta diferente.

A Ink ganhou vida nos emocionantes dias do ano 2000, quando o primeiro *boom* das empresas ponto-com estava chegando ao fim. Levantamos um financiamento de mais de 10 milhões de libras esterlinas para capturar conteúdo clássico *off-line* e adaptá-lo e vendê-lo *on-line*. No entanto, em 2003, depois de quase ficarmos sem dinheiro, transformamos o que fazíamos e, em 2008, a empresa trabalhava com algo completamente diferente e havia se tornado a maior editora mundial de publicações oferecidas a bordo de aviões. Poucas novas empresas acabam no mesmo lugar em que começaram, porque, apesar da pesquisa de mercado e do planejamento iniciais, achar o ponto ideal é muito difícil de localizar antecipadamente.

Sobreviver aos primeiros estágios de uma nova empresa tem a ver com o aprendizado de como se adap-

> Sobreviver aos primeiros estágios de uma nova empresa tem a ver com o aprendizado de como se adaptar rapidamente à mudança.

tar rapidamente à mudança. Voltar a considerar as primeiras suposições e reformulá-las pode ser bastante libertador. Permite que você se mova mais rápido do que os outros ao seu redor. Você não tem de lidar com a bagagem de anos de tradições, ou com comportamentos arraigados, ou com suposições estabelecidas sobre seu mercado.

Como John Bates, da London Business School, diz: "A única coisa que podemos garantir é que seu plano de negócios está errado e que você precisará de mais dinheiro. A questão real é quão rapidamente você se adapta à realidade? Talvez mudar a realidade para satisfazer seu plano não dê certo. Você tem de desafiar suas suposições diária e semanalmente, enquanto faz de conta que sabe onde está indo".

Esse assunto é abordado de modo abrangente em um livro de John Mullins e Randy Komisar intitulado *Getting to Plan B*. Esse livro trata dessa questão empresarial básica: o fato de tantas novas empresas serem criadas com base em falsas suposições e de que os melhores empreendedores rapidamente despertem para esse problema e adaptem seus planos. Os autores se referem a uma pesquisa estatística que revela que apenas uma ideia em 58 sobre um novo produto funciona. Eles destacam a importância de refazer o plano de negócios sempre que a evidência rastreada sugira que o modelo de negócios não funcionará até você obter sucesso desejado. Isso é o que eu estava começando a fazer com o plano A da You Wish.

Trata-se de ter a atitude mental correta, como Ingrid Murray afirma: "Ser um aprendiz é parte importante, e você deve ser muito flexível. Num dia, estou fundo até os joelhos na lama conversando com um criador de suínos. No dia seguinte, estou em um banco. Você precisa de disposição para fazer as coisas funcionarem e para ouvir as pessoas".

Analisamos muito nossas ideias para a You Wish antes de começarmos e desenvolvemos diversas suposições cuidadosamente concebidas e testadas no mercado, mas estávamos muito errados. Começamos com a convicção de que a You Wish precisava funcionar por meio de diversas áreas ou setores de necessidade em nível nacional. Então, adaptamos nosso pensamento para enfocar saúde, fitness e beleza, mas as pessoas ignoraram o que propusemos e, assim, mudamos novamente nossa abordagem, visando serviços em vez de produtos. Atualmente, estamos reposicionando a estratégia de visar comunidades locais, onde podemos recrutar por meio de todos os setores, em uma região menor. Começamos a achar que nosso serviço era simplesmente sobre pessoas que se envolvem com empresas, e que a comunidade de usuário a usuário era irrelevante, mas, agora, concluímos que a comunidade também é decisiva para o sucesso. Assim, diversas suposições que assumimos inicialmente se mostraram equivocadas e tiveram de ser modificadas — em certos casos, fundamentalmente. Ou será que nós nunca resolvemos a questão original da parceria: a necessidade de obter um grande sócio para direcionar o tráfego para nós com uma boa relação custo-benefício?

Você pode se irritar por ter de mudar suas suposições, ou você pode aprender a gostar disso. Comecei a achar tudo muito gratificante. Quando as pessoas lhe dizem que sua nova estratégia é um aperfeiçoamento real, você pode se sentir bem a respeito da mudança. Precisa ser capaz de deixar de pensar no passado. Deve aprender a não se repreender pelas decisões que tomou no passado. Elas não podem mudar, mas você pode, caso siga em frente.

Como você consegue tudo isso? Eis alguns truques:

1. seja muito claro a respeito de sua visão e, em seguida, enfoque a execução. Você não pode reexaminar essas duas coisas o tempo todo. Deve reexaminar continuamente como você quer chegar lá, mas só às vezes reconsidere a visão, ou você acabará andando em círculos;

2. distinga claramente o que é importante, o que é urgente e o que parece estimulante. Todos são diferentes. Enfoque os motivadores básicos na direção do que é importante e estratégico, e não na direção do que é urgente ou sedutor;

3. concentre-se em como criar valor. Como um cliente ficará numa situação melhor por causa do que você faz;

4. considere os problemas apresentados pelas pessoas. Não os ignore, esperando que desapareçam. Eles não desaparecerão, em particular se diversas pessoas os apresentarem. Desde o início, as pessoas inteligentes me disseram que a You Wish somente funcionaria com parceiros de canal.

Aceitei essa ideia, mas não achei fácil encontrar os parceiros certos. Mas sempre os procurei. Nunca esqueci esse desafio. Atualmente, tenho parceiros de canal depois de uma longa procura. Você só tem de reexaminar o problema e diferentes modos de solucioná-lo;

5. admita achar novas soluções, novas maneiras de fazer as coisas. Aprecie ler e escutar outros modos de entender os problemas. Além disso, esteja pronto para roubar boas ideias sempre que vê-las. Isso é guerra, e você precisa de todos os suprimentos e reforços que puder conseguir.

Capítulo 12

Amando o intermediário

COMO TIRAR O MÁXIMO DOS INTERMEDIÁRIOS NECESSÁRIOS

"Comecei a odiar os burocratas que dificultavam as atividades de nossa empresa. Pessoas que criavam dificuldades sem tentar entender o que estávamos fazendo: fiscais de trânsito, conselheiros, fornecedores, funcionários que roubariam de você — a lista continua. A raiva lhe dá determinação."

Vaughan me disse isso cinco anos depois que criou o Frontline Club. Eu entendia bem tudo isso. Não achava nada difícil ficar enfezado e gritar com qualquer intermediário que só aparecia para ganhar dinheiro fácil às minhas custas. Havia acabado de falar com meus contadores no dia anterior e explicara que queria um orçamento por conselhos a respeito de certos impostos e questões de investimento. Havia dito explicitamente que precisava de um orçamento antes de ficar sujeito a quaisquer ônus. Então, por que, dois dias depois, o contador responsável pelos impostos me enviou um e-mail com um orçamento, mas disse que eu já estava sujeito a uma despesa por ter tido a conversa anterior? Era inacreditável. Ou seja, verdadeiramente inacreditável. Como eles podiam fazer isso? Esse tipo de atitude me deixou sem fala.

Quem são essas pessoas que você precisará trabalhar junto e dependerá para sua subsistência? Provavelmente estarão incluídos aqui contadores, advogados, consultores tributários, fiscais da Receita Federal, fabricantes, distribuidores, membros do conselho, pessoal da segurança do trabalho e talvez integrantes de um sindicato ou dois.

A verdade é que você pode se indignar com eles, ou trabalhar o modo de tirar o máximo dessas pessoas. Afinal, falar alto com elas pode fazer você se sentir um pouco melhor por um nanosegundo, mas, de fato, não mudará a sua situação. Quer você goste ou não, terá de trabalhar com elas, e poderá se sentir à vontade com esse fato. Você precisa de advogados para minutar contratos, de contadores para fazer sua contabilidade e organizar sua folha de pagamentos, e a Receita Federal precisa de você para apresentar diversos formulários regularmente.

A boa notícia é que diversos intermediários reconhecem que é caro utilizá-los, e, atualmente, estão sendo criados de modo que possam ajudar os empreendedores.

Há uma lei tácita que sigo: se você vai dar para alguém algum negócio, ela dará um pouco de assistência gratuita logo de saída. Utilize essa regra para ajudá-lo. Certifique-se de que qualquer tipo de consultor profissional ou intermediário faça algo de valor para você antes de contratar os serviços dele. É uma boa e antiga forma de compensação.

Se quiser obter sucesso, você terá de aprender que alguns intermediários podem ser inesperadamente úteis e generosos com seu tempo. Um advogado pode lhe dar alguma ajuda gratuita em um contrato de emprego ou um contador pode ajudá-lo numa questão referente a ações.

> Você terá de aprender que alguns intermediários podem ser inesperadamente úteis e generosos com seu tempo.

Às vezes, é só uma questão de lidar habilmente com eles. Lembro-me de ter levado um fiscal da Receita Federal para almoçar, para ajudar a resolver um problema de impostos não pagos durante alguns anos referentes às despesas de nossa empresa. Custou um vinho muito bom para superar a situação.

Eles também podem ser boa diversão quando convidados. Eles gostam de boa vida como toda e qualquer pessoa. Quando fazíamos uma viagem pela Europa para promover o lançamento de ações da syzygy, fomos escoltados muito habilmente por executivos do banco HSBC. Eles bebiam vinhos e faziam refeições conosco sempre que não estávamos fazendo apresentações para investidores potenciais. E o bom era que tinham de ficar conosco durante toda a viagem. Estávamos pagando por isso, e, sem dúvida, eu gostava disso. Assim, em Amsterdã, Dusseldorf, Zurique, Paris e Glasgow, fizemos o máximo para agradar. Lembro-me de sair de um bar, em Dusseldorf, às seis da manhã, e encontrar um executivo do HSBC esperando para pagar a conta e me escoltar de volta ao meu hotel em um táxi. Isso que é serviço.

Às vezes, o inesperado acontece, e você tem de tentar tirar proveito disso, como Lucy, da Lovedean Granola, afirma: "Depois que meu fabricante disse que não poderia mais me atender, achei que meu mundo havia caído. Deram-se dois meses de aviso prévio. Tinha de achar outro fabricante. Agora, tenho uma padaria e estou muito feliz. É como minha própria cozinha. Tenho muito mais controle e, assim, sinto-me muito feliz".

De vez em quando, você acha um intermediário que trabalha simplesmente na base do desempenho. Ele presta serviço de alta qualidade, que é recompensado depois da criação de valor. Isso é incrível.

Como você lida com os intermediários? Confira algumas coisas básicas a lembrar:

1. não sinta inveja do estilo de vida seguro e bem pago deles. Você serve de estimulante para eles. Imagine que eles queiram um pedaço de seu entusiasmo;

2. entenda-os como entenderia um cliente. Veja quais são as necessidades e os objetivos deles. Considere como e se você se ajusta a eles;

3. teste se estão realmente interessados no que você está fazendo antes de se comprometer. Se eles não quiserem dar nada logo de saída, então evite-os;

4. certifique-se de que você extrai o máximo valor de seu dinheiro, mas combine tudo antecipadamente;

5. dedique um tempo formando uma rede de bons profissionais, preparados para ajudar e investir em novas empresas, na base de que muitas darão certo e fornecerão dividendos no longo prazo;

6. verifique duas ou três vezes se sabe o que eles querem antes de você começar. É bem óbvio, mas leia os termos e as condições. Você encontra todo tipo de coisas que não sabia.

Capítulo 13

Sem saber

ENFRENTANDO A INCERTEZA

"Chris, em três meses, minha família e eu teremos de morar na rua se não conseguirmos o dinheiro. Não posso deixar isso acontecer. Já atrasei o pagamento da nossa hipoteca." Era março, e Nick, meu sócio, ficava cada vez mais assustado. O dinheiro estava acabando. Eu havia tomado a decisão de adiar a busca por financiamento porque não estávamos prontos. Naquele momento, estávamos prontos, mas era improvável obtê-lo no devido tempo. Em junho, Nick só tinha mais um mês e eu, três.

Isso dá medo. Nas 24 horas do dia, você se preocupa, não sabe o que fazer, se estressa. É duro nunca saber o que acontecerá e qual é a resposta certa para qualquer coisa. Nos setores mais estabelecidos, há somente algumas poucas estratégias ou regras do jogo, sendo meramente uma questão de como você aborda a diretoria. Nos setores novos ou em desenvolvimento, há muito menos certeza e conhecimento. É sempre o caso de tentar ampliar a gama de movimentos que você tem no tabuleiro de xadrez, em vez de deixar as opções evaporarem em torno de você.

O grande empreendedor aproveita o desconhecimento para ter vantagem numa situação competitiva, mas, para a maioria dos mortais, a incerteza é penosa. O desconhecimento permeia tudo o que você faz. Conseguiremos o dinheiro no devido tempo? Dessa vez, acredito que vamos obter o financiamento. Acho que sim. Os sinais são positivos. No entanto, temos poucos meses para fazer isso e, nessa recessão, não será rápido. Devemos nos concentrar totalmente na obtenção do financiamento e no marketing da empresa, ou devemos fazer alguma consultoria nas horas vagas e estender nossos prazos finais? Devemos fazer a primeira atividade, porque é mais importante, mas a segunda parece mais urgente. Tomamos a decisão de fazer a primeira e, no dia seguinte, achamos que devemos fazer a outra. Por que nada fica em repouso? Receio que precisaremos fazer as duas coisas. Como faço tudo em um dia?

Lidar com a incerteza e os riscos é uma condição básica de um grande empreendedor. Como William Reeve afirma: "Os não empreendedores descrevem os empreendedores como pessoas dispostas a correr grandes riscos. No entanto, isso é compreender mal o que os bons empreendedores fazem. Eles trabalham no sentido de reduzir os riscos. Como escutei alguém dizer certa vez: 'Quando fundei minha empresa, eu era um estúpido. Depois, brevemente, eu era um gênio. Depois que deu certo, sempre havia sido óbvio'. Para o mundo externo, parece muito risco, mas o empreendedor trata de eliminar esse risco".

Mesmo em um fim de semana em Paris, contemplando a iluminação verde fantasmagórica de Notre Dame ou observando as luzes da Torre Eiffel dançarem como um cantor tremulante da década de 1960, não há relaxamento. O anseio premente do que fazer a seguir nunca o abandona. Suponho que é por isso que o livro *Why Zebras Don't Get Ulcers* (*Por Que as Zebras Não Têm Úlceras?*), de Robert Sapolsky, é uma leitura tão divertida. É tão enraizado no fato e tão terrivelmente acurado nas emoções. O autor sustenta que os animais selvagens apresentam menos tendência de ter doenças relacionadas ao estresse, porque não se preocupam constantemente com predadores. Eles só se preocupam com leões, quando podem vê-los, enquanto os seres humanos se preocupam constantemente com seus empregos, relacionamentos ou outros medos, quer existam ou não, e isso resulta em úlceras e doenças.

> O grande empreendedor aproveita o desconhecimento para ter vantagem numa situação competitiva.

Como Ingrid Murray afirmou: "A preocupação é que você esteja em um negócio que deve se dar por vencido — o que Dragons' Den*

---

* Programa de tevê britânico, apresenta empreendedores que expõem suas ideias empresariais a fim de obter investimentos de um júri formado por investidores de capital de risco. (N.T.)

diria? A pergunta de Jerry Maguire 'me mostre o dinheiro' é um lembrete importante".

Uma minoria de pessoas consegue lidar com isso. Lembro-me de Matthew Page, empresário da banda Feeder, dizendo: "Tranco a incerteza. Coloco-a em um armário e jogo a chave fora". Será brilhante se você conseguir fazer a mesma coisa. No entanto, ele também admitiu que a religião desempenha um papel importante. "Tenho muita fé. Acredito que sou bem guiado, orientado e ajudado."

Ingrid afirmou: "Lido com isso de três modos. Primeiro, na minha mente há uma certeza. A imagem do que é o sucesso é clara. Segundo, ignoro isso e continuo com o trabalho à mão. Terceiro, a incerteza é que é incrível. Criar uma nova certeza é meu valor agregado. Juntar diversos alimentos que meus amigos comprarão; não porque são meus amigos, mas porque gostam. Quero demonstrar que não sou covarde. Ter medo é desperdício. Não quero ser essa pessoa".

Ser positivo é fundamental — e você gosta disso. Como Janie Brown afirmou: "Aprecio o risco. Às vezes, gosto de seguir minha intuição. Sou capaz de lidar com essa preocupação. Muitas vezes, gostei de ver onde pousei. Fui muito otimista. Gosto da incerteza porque também pode funcionar positivamente. Você pode ter surpresas muito agradáveis".

Para o restante das pessoas, porém, algum método de eliminação do estresse é realmente necessário. Hugo Dixon, da Breakingviews, afirma: "Pratiquei muita ioga, que me ajuda a enfrentar o estresse. Você deve ter um disjuntor para desacelerar. Caso contrário, pode se esgotar emocionalmente".

Conservar sua sanidade durante esse período é difícil, até porque demanda absoluta força de vontade. Você tem de respirar fundo, talvez sair para tomar um ar e, em seguida, continuar. Victoria, da Pay Check, diz: "Nos primeiros dias da Moneypenny [anteriormente um escritório de contabilidade], passei muito tempo não tendo ideia do que estávamos vendendo. Era pura intuição. Eu só seguia adiante. Não tinha tempo de ficar doente ou de não enfrentar. A pessoa simplesmente tem de levar adiante". Ou, como Lucy, da Lovedean Granola, sustenta: "Não penso a respeito disso. Quando essas armadilhas surgem, trato de contorná-las. Penso: não vou deixar você me deter".

Sem saber

Há diversas coisas que assustam a maioria das pessoas e elevam ao máximo os níveis de estresse. Entre essas coisas, incluem-se o produto, o pessoal, as parcerias, o marketing e as vendas.

> Há diversas coisas que assustam a maioria das pessoas e elevam ao máximo os níveis de estresse.

O produto está adequado para o mercado ou não o desenvolvemos corretamente? Torna-se decisivo escutar e interpretar o que os clientes dizem. O que acontecerá se outro concorrente lançar o produto? Isso ocorrerá fatalmente. Todos os dias, você sente medo que isso aconteça, mas sabe racionalmente que a concorrência é uma coisa boa, porque demonstra a força do mercado. Então, por que uma nova empresa o assusta? Bem, ela dispõe de financiamento e de mais pessoal. Tudo bem. Você está fazendo algo diferente. Não está? Você pergunta para alguém que escutará. E esse círculo vicioso prossegue.

Sobre o pessoal, como você sabe que dispõe das pessoas certas? Contratei centenas de profissionais ao longo dos anos, mas, quando se trata do seu dinheiro, você nem sempre pode se dar ao luxo de utilizar caçadores de talentos, ou pode arcar com altos salários, ou pode testar muitos candidatos. Você precisa improvisar. Leva tempo. Não se sinta na obrigação de tomar uma decisão rápida. Seu negócio mudará o tempo todo nos primeiros dias; assim, você precisa ter certeza de quais habilidades necessita do pessoal. Elimine a incerteza testando as pessoas. Peça para que façam algo para você gratuitamente. Verifique se isso é bom. Elas se encaixam no que você está tentando alcançar e entendem isso?

E como você sabe se deve avançar com essa oportunidade de parceria? Você deve fazer isso? A tentação é sucumbir a uma constante batalha de desenho animado, do tipo "Tom e Jerry", em sua mente. "Se eu fizer isso, então poderei perder uma oportunidade melhor, mas, se eu não fizer, poderei não ter outra oportunidade."

A coisa decisiva nessa contínua barragem de incerteza é tomar decisões e avançar. Se você tergiversar a respeito de tudo por não saber a resposta, enlouquecerá. Você precisa ter um plano e seguir adiante. Tem de tomar a melhor decisão possível naquele momento. Lucy afirma: "Às vezes, é bom não vacilar e só dar prosseguimento". E Matt Norton, da Sentry Wireless, diz que "há só um jeito de comer um elefante: uma mordida de cada vez. Depois que a estratégia foi decidida, resisto a tentação de constantemente revisitá-la e revisá-la, e me forço a enfocar a execução no curto prazo".

A syzygy quase se fundiu com outra empresa virtual bem-sucedida, a Oyster, em 1998, mas, no fim, concluímos que não partilhávamos dos mesmos objetivos e das mesmas visões sobre nosso valor mútuo. As duas empresas se saíram bem sem a união. Em vez disso, fizemos uma fusão com uma empresa alemã, a United Media, e vendi o grupo na Bolsa. Posteriormente, a Oyster foi comprada e acabou como parte da LBi, uma grande agência digital. Foi a decisão certa? Quem sabe, e quem com visão retrospectiva se importa? O modo de lidar com a incerteza era avançar. Enquanto você continua aprendendo e progredindo, está se saindo bem, e a incerteza não parecerá tão ruim.

Você só pode seguir adiante no seu ritmo. Deixe as opções em aberto. Não olhe para trás o tempo todo. Aguente a decisão tomada e siga adiante, quer funcione ou não. Quanto mais decisões você tomar, mais sorte terá, e, no fim, os melhores empreendedores tomam mais decisões corretas do que incorretas.

A vida de uma nova empresa é um cerco mental e físico que não tem fim em um único corpo. Causa uma grande euforia, mas provoca também grandes depressões. Há algumas lições a seguir que ajudam a enfrentar essa incerteza:

1. tenha sempre uma estratégia e um plano. Você não pode compreender o ambiente mais amplo e como se encaixar nele sem essas duas condições. Adapte e atualize o plano e a execução o tempo todo, mas jamais comece sem uma estratégia e um plano;

2. isole o desconhecido e tente eliminar os riscos de modo claro e lógico;

3. aprenda a conviver com sua intuição. Desfrute do calor de saber o que é certo porque você sente que é, e não porque pode racionalizar esse *insight*;

4. peça para as pessoas ajudá-lo. Você não pode fazer tudo sozinho. As pessoas ajudarão. Elas gostam. Converse com elas e manifeste suas preocupações. Quanto mais conversar, melhor. É como consultar um psiquiatra;

5. faça algo de alto risco e de alta recompensa. No fim, a maioria dos negócios bem-sucedidos precisa do boca a boca para crescer. Se você não for notado, nada acontecerá. Faça acontecer. Assuma um risco calculado para dar esse salto. Divirta-se e desfrute. É contagioso;

6. roube e aprenda com os outros. Confie na experiência coletiva. Outras pessoas enxergarão o que você não vê. Se funcionar, então roube;

7. tome decisões quando precisar, mas não se preocupe se mudar de opinião. Você não está dirigindo a diretoria de uma corporação e não precisa ser consistente em relação a tudo. Na realidade, faça o contrário. Se não dirigir a empresa como um carro de corrida, muito veloz a maior parte do tempo, mas lento ocasionalmente na cidade, você não chegará a lugar nenhum;

8. tenha fé. Acredite em si mesmo. Os outros acreditam; então, não os decepcione.

Capítulo 14

Seguindo sua intuição

COMO USAR SEUS INSTINTOS

Peter Christiansen disse para mim: "Os bons empreendedores têm sexto sentido. A intuição deles está sempre certa".

Mas o que é intuição?

É uma sensação. É uma crença. Não é um argumento racional.

Nick Wheeler, fundador da Charles Tyrwhitt, afirma: "A intuição envolve todas aquelas sensações mais profundas e todas aquelas coisas que aconteceram em sua vida, e seu cérebro processa todas elas. Sua intuição melhora à medida que você fica mais velho".

Bill Gross, da Idealab, concorda: "Resulta da boa informação, da prática e da experiência. Gosto de achar que minha intuição é poderosa, mas não é aleatória. Vem de alguma coisa — resulta das minhas experiências".

Eis por que é tão difícil para a maioria das pessoas, porque os negócios tradicionais rejeitam tudo que não se baseia na racionalidade, ou que não se apoia em dados do cliente ou indicadores financeiros. De fato, todos nós somos ensinados a fazer o inverso em relação à intuição, mas criar uma empresa está muito mais próximo da natureza do que administrar uma empresa já existente. É muito precário. Muitas vezes, você dispõe de poucas informações ou dados de mercado, que é o caminho de

> Criar uma empresa está muito mais próximo da natureza do que administrar uma empresa já existente.

toda análise racional. É sobrevivência. Onde eu consigo meu próximo pró-labore, ou onde eu consigo meu primeiro pró-labore? A intuição desempenha um papel fundamental na vida do empreendedor. Você utiliza qualquer suporte racional que é capaz de encontrar, mas o restante vira instinto. Como na natureza, você vivencia novas situações sempre que elas não se encaixam em uma moldura racional.

Na minha experiência, as mulheres aparentemente são melhores nisso do que os homens. Hesito em generalizar, mas, neste caso, há algo em torno do acesso aos sentimentos que é crucial para o uso da intuição, e os homens que conheço, incluindo eu mesmo, enfrentam muitas dificuldades em relação a isso. Lucy O'Donnell, da Lovedean Granola, afirma: "As mulheres têm melhor equilíbrio entre intuição e racionalidade". Em vez de utilizar os sentimentos, há uma tendência masculina de racionalizar em excesso, o que obstrui o caminho da intuição. Seb James, cofundador da Silverscreen, disse: "Sou racionalista. Total. Por isso, provavelmente, não sou bom empreendedor de novas empresas. Utilizo a lógica. Não vejo por que algo que é racional não funcionar porque as pessoas não querem que funcione".

"Ter uma bússola interior é realmente importante", como Ingrid Murray descreveu. Ela também disse: "Você precisa confiar em sua intuição. No fim do dia, se tudo der errado, você só terá a você mesmo para culpar. Intuição é como talento. Você tem ou não tem. Você usa ou não usa". Jo Fairley, da Green & Black's", afirma: "Erro somente quando ignoro a minha intuição. E, geralmente, tem a ver com pessoas".

Como você acessa essa habilidade essencial?

Em primeiro lugar, você tem de estar aberto à intuição. Precisa admitir que terá sentimentos fortes sobre a sua empresa e que estes não desaparecerão. É como sexto sentido. É como se você soubesse alguma coisa — que é certa ou errada — antes de ter acontecido ou terminado. Como Hugo Dixon, da Breakingviews, afirma: "Em parte, trata-se de escutar suas emoções. Permite que você libere seu intelecto".

Em segundo lugar, você deve refletir sobre as vezes em sua carreira em que sentiu que uma decisão estava errada, mas, ainda assim, seguiu adiante com ela. Se, no fim, constata-se que foi uma decisão errada, você deve tentar se lembrar do motivo de ela parecer errada na ocasião. Quais foram os sinais de advertência que você sentiu? Isso é intuição. Da mesma forma, pode refletir sobre decisões que pareciam certas quando você as tomou e, posteriormente, mostraram ser a decisão correta.

Quando, como presidente da syzygy, comprei a NetForce, uma empresa francesa, minha intuição me disse que era um bênção ambígua. Fortaleceu muito a nossa história referente ao lançamento de ações, permitindo-nos dizer que tínhamos empresas nativas fortes nos três maiores mercados da Europa. A NetForce possuía uma boa lista de clientes e alguns bons profissionais, mas não era lucrativa. Racionalmente, não havia razão de não podermos comprá-la para ter lucro, mas eu tinha um sentimento inoportuno de que sua falta de lucratividade iria me estorvar. Apesar de numerosos esforços, nunca conseguimos uma lucratividade contínua da empresa. Em retrospecto, devia ter esperado um pouco mais e ter tentado achar uma empresa lucrativa na França, que podíamos ter comprado.

Quando não consegui todo o dinheiro de que precisava para a You Wish, como uma simples proposta baseada em consumidores, decidi mudar nossa abordagem e criar um modelo B2B (de empresa para empresa). Em vez de tentar criar nosso site de consumidor para empresa, trabalharíamos com marcas existentes e forneceríamos a elas um site personalizado de comparação de preços, que permitiria vender novos serviços a seus clientes. Forneceríamos gratuitamente às marcas a plataforma, em troca de uma parte das receitas ou dos lucros. Quando começamos a conversar com algumas grandes marcas de aparelhos domésticos a respeito de lhes fornecer um serviço específico em um setor, e elas realmente gostaram da proposta, me senti gratificado. Tinha sentido durante meses que precisava de um modelo de negócios diferente, e muito antes de ficar evidente que não conseguiria o financiamento de que precisava para o projeto baseado em consumidores. Por um lado, minha decisão foi tomada com base na intuição e, por outro, com base na reflexão racional sobre as dificuldades de levantar dinheiro para novas empresas de internet associadas ao modelo B2C (de empresa para consumidor), muito mais arriscadas.

Em terceiro lugar, você pode utilizar argumentos racionais para respaldar sua intuição. É uma forma de teste externo. Se achar que uma pessoa ou uma parceria está errada, ensaie os critérios objetivos com

Seguindo sua intuição

pessoas em que confia. Veja o que elas acham. Veja se concordam. No fim, você achará que elas concordam. Testar sua intuição com critérios racionais ajuda a desenvolvê-la ainda mais, e, em pouco tempo, seus sentimentos podem ficar em sintonia com o que você acredita objetivamente ser a decisão correta.

Claro que as coisas têm de fazer sentido comercialmente e, portanto, racionalmente, mas também precisam dar a sensação de que estão corretas. Se tudo mais estiver igual e você fizer todas as coisas sensatas e lógicas, usar a sua intuição e confiar plenamente em seus instintos podem ser suficientes.

> Claro que as coisas têm de fazer sentido comercialmente e, portanto, racionalmente, mas também precisam dar a sensação de que estão corretas.

Admita que, em uma nova empresa, você não pode fazer tudo, como John Bates, professor-adjunto de empreendedorismo da London Business School, afirma: "O truque é descobrir que coisas analisar e que coisas intuir. Você não tem tempo de sobra".

A intuição é algo que você pode utilizar em relação a todos os elementos da nova empresa. Não está confinada a ter uma boa ideia ou não. Talvez o lugar mais importante de usá-la é com as pessoas. Sempre que contrato alguém que é bom no currículo e na entrevista, mas, intuitivamente, tenho uma ponta de dúvida, a pessoa não dá certo. Mesmo agora, depois de muitos anos contratando pessoas, ainda posso errar e logo percebo isso. Pode parecer o menor dos males contratar uma pessoa que satisfaz apenas algumas especificações quando você precisa desse profissional, mas, inevitavelmente, não demora muito para você ter de lidar com o problema criado.

Lembro-me de uma contratação para a syzygy. Era uma contratação importante. Estávamos propensos a tomar uma decisão, mas não conseguíamos achar a pessoa certa para o salário que queríamos pagar. No fim, decidi-me em favor de um profissional, embora ainda tivesse dúvidas. Não tinha uma sensação boa. Em retrospecto, devíamos ter cortado nossas perdas, mas não cortamos. Não fizemos isso por três anos.

Da mesma forma, parcerias bem-sucedidas, tão importantes para o êxito empresarial moderno, são frequentemente o resultado de intuições positivas mútuas, tanto quanto de benefícios racionais. Isso é verdade em relação às novas empresas. Você precisa acreditar em seus parceiros. Os dois lados têm de sentir que desejam se comprometer para fazer o negócio funcionar. Os sentimentos e as emoções são partes muito importantes do sucesso ou do fracasso. Quando comecei a conversar com Kennedy Cater (um corretor inovador) acerca de uma parceria, com a You Wish entrando com a plataforma *on-line* e a *expertise* de inovação, e a outra parte entrando com a *expertise* no setor jurídico, senti que funcionaria.

"Mantenha o foco. Persista no plano e você chegará lá. Você obterá o dinheiro de que precisa."

Minha mulher, Jo, vivia repetindo isso para mim. Sempre soube que ganharia dinheiro com a You Wish. Sempre acreditei que conseguiria. Tinha gasto todo o dinheiro que alocara. Estava feito, mas sabia que encontraria meu caminho até a linha de chegada.

Não tive essa sensação em relação a todos os negócios em que me envolvi. Você pode ter esperança e pode rezar, mas, no fundo do coração, você sabe se terá sucesso. Você pode sentir. É uma coisa estranha a dizer, mas, como empreendedor, você aprende a utilizar seus sentimentos e sua intuição de um modo que muitos executivos nunca aprenderam.

Como você aprende a utilizar sua intuição?

1. Sinta mais. Evite apenas racionalizar e pensar. Pergunte a si mesmo o que sente sobre um problema. Então, dê a resposta em voz alta, como se você sentisse e quisesse dizer isso. Pode ser diferente do que você pensa.

2. Reflita sobre as decisões tomadas que foram intensamente positivas ou negativas. Lembre-se daquilo que você sentiu na ocasião e tente ligar esses sentimentos com as decisões finais. Veja o que isso lhe diz. Não é tolice; funciona. Os instintos são fortes e podem ser aplicados nas empresas, mesmo no século 21.

3. Acredita no próprio negócio e sonha quando as luzes se apagam? Se a resposta for não, você tem problemas. Todas as pessoas têm dúvidas e receios, mas, em última análise, você precisa sentir que seu negócio está no rumo de ter sucesso. Tente corrigir o problema. Se achar que pode consertá-lo ao longo do tempo, tudo bem; caso contrário, pergunte a si mesmo se deve continuar.

Capítulo 15

Encontrando seu norte

COMO CRIAR UMA VISÃO QUE AS PESSOAS PODEM PARTILHAR

"Você acreditava que nós venderíamos a syzygy na Bolsa e nós acreditávamos em você. Todos nós nos sentíamos parte de algo incrível. Nós sabíamos que daria certo."

Jonathan, ex-diretor técnico da syzygy, disse essa frase para mim anos depois de a empresa ter sido vendida na Bolsa de Valores de Frankfurt. Essa atitude me surpreendeu. Em primeiro lugar, porque todos nós tínhamos a convicção inabalável do que estávamos fazendo e de para onde estávamos indo. Em segundo lugar, porque venderíamos a empresa na Bolsa, já que as receitas eram de apenas 18 milhões de euros por ano na ocasião, e que muito poucas pequenas e médias empresas já tinham aberto o capital com sucesso. E isso aconteceu. Só visávamos esse objetivo. Toda vez que analisávamos o progresso da empresa, repetíamos que era nossa meta lançar ações da empresa na Bolsa. De certo modo, essa ideia se tornou o norte que perseguimos, o princípio orientador que nos guiou.

É fácil esquecer como um grupo de pessoas pode ser poderoso quando está reunido em torno de uma visão, de uma causa ou de um líder. Posso me lembrar da agitação, da sensação de andar de cabeça erguida quando dizíamos quem éramos. Sentia-me feliz o tempo todo. Sentia-me vitorioso no comando de um exército impossível de ser parado. Tínhamos orgulho da boa publicidade e do bom trabalho, mas também do fato de que éramos muito lucrativos numa ocasião em que a maioria de nossos concorrentes não era.

Se você não tiver um forte sentido de onde está indo, começar uma empresa poderá ser um assunto horrível — falta de dinheiro, estresse, exaustão e desespero. Se você tiver um propósito, significará muito para você e para os outros. E será muito provável que você o alcance. Você pode dividir esse propósito. Isso se torna a sua religião. Dá a você a força de prosseguir. E se você prosseguir, os outros o seguirão.

> Se você tiver um propósito, será muito provável que você o alcance. Isso se tornará a sua religião.

Criar uma visão, um sonho ou uma crença não é fácil. Pode ser particularmente difícil quando a empresa está fazendo algo novo, algo diferente, e no momento em que o *insight* ainda está germinando. As visões podem conduzir a ideias ou propósitos, como a revolução do setor da aviação civil com as viagens de baixo custo, ou podem ser simplesmente objetivos, como vender uma empresa na Bolsa ou se tornar a maior empresa do Reino Unido. Uma visão não é necessariamente melhor do que a outra, mas são muito diferentes. Conduzir ideias pode ser mais difícil, porque, muitas vezes, envolvem mudança de coisas ou mercados, e, assim, apresentam muito menos clareza inicialmente. Visões que se baseiam em finanças ou no tamanho do mercado muitas vezes apresentam menos viés emocional, mas ainda podem ser motivadoras para as pessoas, especialmente se houver recompensa financeira para a sua obtenção.

Quando a eSubstance (como a empresa se chamava na época) nasceu, era para ser a fornecedora líder de conteúdo *off-line* de marcas conhecidas na internet. Foi irresistível demais para nós levantarmos mais de 10 milhões de libras esterlinas em investimento da 3i, em 2000, mas rapidamente ficou claro que criar conteúdo *on-line* a partir de fontes *off-line* não era um modelo sustentável ou lucrativo. Nós perambulamos por todos os setores do ramo, buscando um propósito durante muitos anos, enquanto corríamos atrás de mais dinheiro. A visão começou a desvanecer. Somente quando compramos uma pequena editora, a Ink, que editava a revista da easyJet, encontramos nosso caminho. E fomos capazes de reorientar a visão e acabamos nos tornando a maior produtora mundial de mídia veiculada a bordo de aviões.

Como Jeffrey O'Rourke afirma: "Você tem de sentir paixão. Precisa de uma visão de crescimento. Uma visão de como o mercado crescerá. Uma visão de como reuniu diversas pessoas e dos modos pelos quais você está agregando um valor que não existia antes. Isso motiva as pessoas. Quando você sente muito entusiasmo, as pessoas não são capazes de resistir".

Roland Rudd, da Finsbury Communications, revelou que definiu uma visão para o seu escritório de relações-públicas: "Em cinco anos, estar entre os cinco maiores escritórios; em dez anos, estar entre os dois maiores; em quinze anos, ser o maior". E ele conseguiu!

Frequentemente, as empresas com visões podem topar com problemas quando a visão original não funciona do jeito desejado. Isso pode ser verdade tanto para um encanador como para um novo banco. Muitas vezes, fracassa, porque a proposição ou a ideia subjacente necessária para se ganhar dinheiro não funciona e, dessa maneira, a visão é cortada de algo que paga as contas. Em todos os casos, o sucesso resulta do fato de existir uma proposição simples e convincente, que os clientes querem pagar e que pode ser oferecida de modo rentável. Se essa proposição também estiver ligada a algo com um objetivo maior, com um significado humano, poderá realmente decolar, mas é difícil de se atingir.

Começamos a You Wish com o que achávamos que era uma intenção realmente clara. Queríamos ajudar pessoas atarefadas com famílias e carreiras a satisfazer suas necessidades não atendidas, para que, dessa maneira, tivessem mais qualidade de vida. Víamos como muitas pessoas ocupadas nunca tinham tempo para procurar serviços de que precisavam, e assim nunca os procuravam. Todos nós temos listas de tarefas intermináveis. Víamos a oportunidade de virar pelo avesso o mercado típico, de modo que, se você desse alguma informação a respeito de quem você é e do que quer, as empresas ficariam encantadas de lhe enviar respostas pessoais. No entanto, conforme desenvolvíamos o negócio, ficou claro que a visão era muito grande e díspar de nossos recursos financeiros. Tentávamos alcançar muita coisa. Por isso não entendemos bem o negócio no início. Ele não estava suficientemente claro. Droga! Como isso aconteceu? Algumas pessoas estavam usando o site para obter informações, algumas para achar produtos e outras para encontrar serviços. Não podíamos cobrir cada área e, afinal, existiam alguns concorrentes maiores, que faziam essa tarefa melhor do que nós. Isso nos fez reposicionar o negócio. A visão pode permanecer, mas precisa de dinheiro para vir à tona.

Embora a visão e a história possam parecer semelhantes, elas têm funções muito diferentes. A visão é seu objetivo: aonde você quer que o negócio chegue. A história é o modo de você chegar lá e por que você alcançará o sucesso. As duas são muito importantes.

> A visão é seu objetivo. A história é o modo de você chegar lá. As duas são muito importantes.

A clareza pode ser tão importante quanto qualquer outra coisa. Como Victoria Baillieu, da Pay Check, disse: "Todos podem se sentir inspirados. As pessoas gostam de liderança forte. Todos aderem por executarmos um serviço muito benfeito. Se houver um problema, os fundadores lidarão com ele. As pessoas se sentem inspiradas por estarmos liderando a partir da frente de batalha. Elas perceberam o benefício associado ao trabalho duro. Sabem que nós voltaríamos atrás para colar selos se fosse necessário".

De fato, não é preciso ser original; basta ser simples e ter muita paixão. Como Nick Wheeler, fundador da Charles Tyrwhitt, afirma: "Quis criar uma grande empresa. Quero que nossos clientes, nosso pessoal, nossos fornecedores gostem do negócio. Não pretendo vender a empresa. É como meu quinto filho. Não cuidamos deles para sempre, mas não os vendemos. É uma história bem simples. Quero que seja incrível e não quero vendê-la".

Outro caminho a investigar quando você tenta cristalizar sua visão é potencializar outras pessoas e outros parceiros. Se as pessoas afirmam que realmente gostam do que estão fazendo e você ainda não obtém o progresso que queria, continue pensando no problema. Continue trabalhando conforme o propósito e continue escutando o que as pessoas dizem. Quanto mais clientes falarem positivamente acerca de uma faceta da empresa, mais você verá o progresso real. Procure também parceiros para ajudar a escalar o que você está fazendo. Depois de ver o que um parceiro ambiciona potencializar, você começa a aprender qual é o valor real do que faz. O epicentro de sua visão é a combinação do que seus clientes, amigos e parceiros afirmam valorizar.

Como você cria aquele visão que motiva as pessoas?

1. Sinta paixão. Emocione-se com o que você está fazendo: por que é importante? Por que as pessoas devem se interessar? Encontre o vínculo emocional que conecta você e sua empresa com os outros.

2. Seja claro e simples. Não desista de procurar a visão. Continue testando suas ideias. Quando as ideias fizerem sucesso, as pessoas dirão para você imediatamente. Elas relacionarão a aquilo que você diz.

3. Consiga um sonho partilhado. Certifique-se de que as pessoas que estão trabalhando no negócio ou no projeto se envolvam com ele. Vincule-as com o sucesso. Isso tem mais a ver com trazer à tona o quão bom parece ser o negócio do que distribuir recompensas financeiras às pessoas.

4. Recrute aficionados. Eles ficarão emocionalmente envolvidos. Certifique-se de que são as melhores pessoas. Então, terá aficionados brilhantes!

5. Encontre parceiros. Empresas que podem ajudá-lo a alcançar sua visão, que enxergam o que você enxerga.

6. Entrelace sua visão em sua história. Dê um desfecho irresistível. Dê evidências de seu sucesso, chegando lá por meio daquela história.

Capítulo 16

Não mime a criança

COMO LIDAR COM O MEDO, O FRACASSO E A REJEIÇÃO

"Vale a pena?", Billie, minha terapeuta, perguntou para mim, enquanto eu me sentava em uma poltrona familiar em seu pequeno consultório.

Sei que ela acha que não estou percebendo o sentido exato das coisas. Sei que ela quer saber por que continuo a trabalhar tão duro à custa de tudo, quando isso não parece me deixar feliz e ainda não está me dando dinheiro.

Como explico por que isso é tão importante? É porque não posso falhar.

O problema é que o medo do fracasso é pior do que o fracasso. Isso atormenta você dia e noite. Desafia você a fazer melhor. É o cilício católico ou a correia de couro coberta de farpas metálicas do *Código da Vinci*: perturbador; doloroso, às vezes; presença inoportuna que espreita de forma ameaçadora; sombra sobre as primeiras ideias primaveris. Diariamente, você tem de entrar em ação como um motor recalcitrante, que precisa de óleo. Você tem de pensar positivo e continuar pintando um quadro brilhante e luminoso. Ou, o fracasso acontece, e você não pode mudá-lo. A mente aprende a seguir adiante. É uma coisa que cura, os médicos dizem.

Os livros de negócios parecem dar conselhos conflitantes sobre como lidar com a rejeição e o fracasso. Alguns afirmam que você não deve tolerá-los. Outros dizem que você deve usá-los e aprender com eles. A maioria dos empreendedores seriais confia no uso de seu poder positivo. Mas essa técnica leva tempo e exige força mental para controlar. Peter Christiansen diz: "A emoção mais importante é a falta de emoção. Você precisa ser cara dura".

Vaughan Smith lidou com essa angústia dando a si mesmo nenhuma saída. Como ele afirmou: "Ao não deixar caminho de volta, o horror do fracasso era tão grande que nunca consideramos a opção do fracasso. Era uma questão de sobrevivência. Nunca concebi que não funcionasse".

Quando não levantamos dinheiro para o site On the Frontline, levei esse problema de forma pessoal. Senti que eu era um fracasso, mas, na realidade, não havia um modelo de negócios, e era muito cedo para um site baseado em vídeos. Eu estava apaixonado pela ideia e, embora as pessoas a achassem fascinante, eu não podia avançar sem muito dinheiro. Na ocasião, não percebi isso, mas agora percebo.

Sempre que você cria uma empresa, aprende outro conjunto de lições empresariais que não são muito difíceis de ser lembradas. Se você não tiver um modelo de negócios adequado — uma maneira de ganhar dinheiro —, não funcionará. Se não houver nenhum problema significativo com os clientes, ou sofrimento, ou demanda, ninguém comprará o que você vende. Se você não conseguir colocar seus produtos ou serviços diante de sua plateia, você carecerá de uma estratégia correta de modelo mercadológico (*go-to-market*). E assim por diante. Você também aprende a identificar esses entraves em qualquer ideia empresarial. No entanto, aprender o modo de enfrentar a rejeição e o fracasso leva mais tempo. Não é um exercício racional.

> Aprender o modo de enfrentar a rejeição e o fracasso leva mais tempo. Não é um exercício racional.

Você deve tirar os aspectos positivos desses conhecimentos. Como Ingrid Murray afirma: "Sou otimista. Coisas que você pode classificar como fracasso, eu não vejo dessa maneira. Minha nova empresa, a WeBuyNearby, apresenta um início muito melhor por causa dos erros que aprendi ao longo do caminho".

Alguns empreendedores abordam o assunto acolhendo ativamente o fracasso. Como Mark de Wesselow, cofundador do Square Meal, disse: "Você deve esperar alguns fracassos. Talvez tenhamos dirigido nosso negócio de forma muito cautelosa. Você deve aceitar o fato de que os fracassos ajudam a deixá-lo mais forte e mais capaz de enfrentar os problemas à frente".

Bill Gross, fundador da Idealab, resume bem a ideia ao afirmar: "O modo como você lida com a incerteza e o fracasso é a diferença entre o sucesso e o insucesso. Tem de ser parte da estrutura de qualquer empresa. Se você tratar da adversidade como um desafio, ou apenas como outra colina a escalar, sobreviverá. Não sei como acionar esse interruptor numa pessoa. Não sei como se consegue isso. Não é necessariamente inteligência ou ambição. É como lidar com a adversidade. Você faz algo heroico para superá-la. Disney enfrentou a adversidade. Se o mágico Disney lutou, nós todos lutaremos.

O sucesso não é um bom professor. O fracasso é um professor muito melhor. Você só tem de imaginar que frequentou um curso muito caro! Então, você realmente presta atenção. Não são como os três anos de faculdade, quando você não presta atenção em nada".

Certa noite, meu irmão, que bebia um drinque, perguntou para mim: "Qual é a pior coisa que pode acontecer a você se o projeto não der certo?"

Era inacreditável que ele pensasse dessa maneira. Será que ele realmente achava que eu falharia depois de tudo que havia feito e trabalhado? Poderia ter sido qualquer outra pessoa, mas eu odiava que meu irmão tivesse dito isso para mim. Se ele era capaz de dizer isso, todas as outras pessoas deviam pensar da mesma maneira. Todos deviam achar que eu era incompetente. Fiquei balançado, furioso, decidido e nervoso ao mesmo tempo.

"Arrumarei outro trabalho", acabei respondendo a ele.

Ele estava tentando pôr tudo em perspectiva, em um momento em que eu não havia levantado o dinheiro para a ideia original da You Wish. Ele estava procurando ajudar, mas é fácil assumir tudo de maneira negativa quando você está se sentindo para baixo, quando você percebe que não está funcionando.

É uma questão de se adaptar rapidamente caso o fracasso se manifeste, como John Bates, professor-adjunto de empreendedorismo da London Business School, afirma: "Espere o fracasso. É a regra. A questão real é como você o reconhece antes de ele acontecer. Se não estiver funcionando, pare e mude".

Lembro-me de que depois que adquiri a NetForce como escritório francês para a syzygy, preocupei-me sobre a decisão por algum tempo.

Dado que o restante de nosso grupo ganhava dinheiro, não parecia uma tarefa difícil fazer o mesmo em relação à NetForce. Tínhamos um plano e o executaríamos, mas não consegui viabilizá-lo. Tentei de tudo. Por algum tempo a NetForce ganhava dinheiro, mas logo voltava a perder. Aparentemente, eu havia fracassado. Havia cometido um erro. Levei tempo para perceber duas coisas importantes. Devia ter consultado pessoas mais experientes, para assegurar que era a escolha certa; afinal, nunca havia comprado uma empresa antes. Em segundo lugar, estávamos sem tempo para cuidar da compra. Eram muitas opções disponíveis. No futuro, aprenderia a questionar a estratégia, em vez de tomar uma decisão apressada, que pode estar errada. Além disso, é fácil enfocar os aspectos negativos em vez dos positivos: vendi a empresa com sucesso na Bolsa de Valores por 240 milhões de euros.

De modo estranho, o fracasso e os aprendizados também lhe dão mais confiança nas próprias habilidades. Nick Wheeler, da Charles Tyrwhitt, afirmou: "Quebramos em 1994. Um fornecedor foi o responsável. Na realidade, um representante. Havia oito de nós. Pareceu que o mundo havia caído. Pareceu que toda minha vida profissional havia desmoronado. Houve um momento de total desespero. O síndico da massa falida nos expulsou e fomos para um bar na Munster Road. Parei na frente de meus sete funcionários e desatei a chorar. Então, pensei: é o meu negócio; ele vai funcionar. É uma questão de autoconfiança e de fazer acontecer. Meu pai hipotecou sua casa e me emprestou o dinheiro. Ele fez isso porque era um bom negócio. Ele conseguiu um empréstimo comercial. Devolvemos o dinheiro em seis meses. Concentrei-me e foi uma aula real de confiar nas pessoas. Nós nos livramos do representante. Achei que nunca mais confiaria em alguém. Não é o caso, mas penso muito antes de confiar em alguém. Quero viver por meio das próprias ações. Se conseguir, quero brilhar".

> De modo estranho, o fracasso e os aprendizados também lhe dão mais confiança nas próprias habilidades.

Às vezes, pequenas coisas podem ter um impacto inesperadamente grande sobre você e sua autoestima. Passei a maior parte de minha vida profissional trabalhando em escritórios. Gosto deles. Aprecio estar com muitas pessoas; assim, se você começar a trabalhar em casa, poderá ser um choque real para o sistema. A menos que você tenha de mudar o modo de trabalhar, não faça isso. Posso sentir o medo de abandonar meu escritório, para pavimentar nosso caminho rumo a um financiamento. A ideia de voltar a trabalhar em casa me angustiou. Parecia dizer: fracasso. Significava que eu não tinha um escritório reluzente, secretária e todos os ornamentos normais do sucesso. Mas algumas pessoas gostam de trabalhar em casa e não querem voltar para um escritório. Elas gostam da liberdade de produzir de acordo com o próprio tempo. Então, certo dia isso aconteceu; não consegui obter o financiamento e tive de fechar o escritório e voltar para casa. Tive de ter Nick e Clair trabalhando comigo no escritório de minha casa. Fiquei com o orgulho ferido. Mas ninguém se importa. Você precisa provar somente que as pessoas estão erradas. Tem de aceitar que pode perder a batalha ocasionalmente e seguir em frente.

Há algumas lições básicas que o ajudarão a lidar com a rejeição e o fracasso. Frequentemente parecem óbvias, até você estar no centro delas e apreciar qualquer tipo de ajuda.

1. Direcione sua reação ao fracasso como uma ideia positiva e não como negativa. Utilize-a como resposta à pergunta "o que eu farei melhor agora?", e não à pergunta "o que eu devia ter feito melhor?" Não se concentre no fracasso específico e no momento em que foi desencadeado; em vez disso, aprenda a partir dos eventos e das atividades que provocaram o fracasso. Aprenda a partir de detalhes; por exemplo, como não gastar dinheiro e progredir. Aprenda que sempre há maneiras de pegar atalhos se você procurar por eles. Assim, concentre-se em encontrá-los, sem lastimar sobre o que está morto e enterrado.

2. Use cada erro para aprender sobre como gerenciar melhor o dinheiro e como fazer escolhas mais inteligentes de onde gastar seu dinheiro.

3. Racionalize cada fracasso. Não o converta em um problema pessoal. Compartilhe o fracasso com outras pessoas, para que elas o ajudem.

4. Não cometa os mesmos erros duas vezes. Deixe que os fracassos o transformem em melhor juiz.

5. Entenda os próprios pontos nevrálgicos negativos e os evite. Se você não consegue fazer as coisas sem depender de ninguém, não crie uma

empresa sem um sócio. Isso parece tão óbvio, mas muitas pessoas cometem os mesmos erros repetidas vezes. Elas fazem coisas que suas naturezas básicas não são capazes de encarar.

6. Concentre-se em fazer coisas que combinam com suas habilidades e experiências. É fácil se apaixonar por uma ideia, mas será mais fácil e mais recompensador se você escolher alguma coisa que combine com a sua paixão, experiência e habilidade.

7. Tenha fé. Não faça se não quiser.

Parte IV

Anoitecer ou amanhecer?

ESTÁ INDO DE UM JEITO OU DE OUTRO

Ou você está começando a achar que o pior passou, ou você está se sentindo desiludido. Ou você está ganhando dinheiro ou não. Ou o sonho está se tornando realidade, ou você precisa procurar um trabalho e recomeçar. O que quer que seja, você precisa lidar com isso. E você precisa lidar com as emoções inevitáveis que acompanharão seu paraíso ou seu inferno.

Qualquer que seja o modo de as coisas estarem caminhando, você ainda não está livre das dificuldades. Precisará enfocar com atenção certas áreas básicas agora, para alcançar a linha de chegada:

- qual a sua atitude para fazer a sua equipe funcionar? Como incentivá-la a alcançar um padrão internacional de excelência?;
- como você lida com o fato de ficar sem dinheiro?;
- o que acontecerá se o seu projeto não funcionar e a sua mente estiver cheia de dúvidas? Como você sabe se deve continuar ou cortar suas perdas? Como você toma a decisão de matar seu bebê, de matar esse sonho que você viveu, amou e odiou por tanto tempo?;
- qual é a sua reação quando tudo começa a funcionar? Como você mantém o entusiasmo? Como você desfruta dele? Como você evita o fim?;

- o que você faz quando todas as esperanças estão perdidas e você está metido em uma confusão financeira e emocional?;
- como você chega ao seu primeiro gol de placa? Como assegura que deixou para trás a fase de empresa nascente?.

Uma parte crucial desse estágio é garantir que você está desenvolvendo a sua equipe e ampliando a empresa além de seus fundadores, incluindo novos talentos e novas ideias.

Capítulo 17

Criando a família certa

COMO VOCÊ CRIA UMA EQUIPE VENCEDORA?

"Jane está grávida! Decidimos arriscar. Gostaríamos de seu apoio. Isso será um problema?"

Jim, um colega da empresa, levou-me a nossa sala de reuniões para me dizer isso em particular.

"Não, é claro que não. É ótimo. Sinto-me feliz por vocês dois", afirmei com sinceridade, disfarçando a minha surpresa inicial e refletindo se isso havia acontecido em nossos escritórios.

A verdade é que ao iniciar uma empresa, você começa a criar uma família, com toda a agitação e a emoção resultantes disso. No início, são apenas os fundadores, e você ainda está nos primeiros estágios do casamento, mas, conforme a relação se desenvolve, você contrata uma equipe de funcionários. Às vezes, a equipe trabalha na sua casa e tem uma exposição estranhamente íntima de cada aspecto da sua vida. E, se vocês todos estão trabalhando na casa de alguém ou no pequeno escritório da nova empresa, vocês estão vivendo amarrados. É completamente diferente de administrar uma grande empresa.

Os fundadores nunca têm todas as habilidades certas, por melhor que planejem. As primeiras contratações se tornam decisivas. É um truísmo afirmar que a expectativa é de que essas novas pessoas trabalhem duro, muitas vezes por um salário muito baixo, embora elas desempenhem um papel fundamental para o sucesso da nova empresa. Elas trazem novos pensamentos e novas perspectivas, divergência de ideias e habilidades diferentes. A energia delas proporciona estímulo emocional. Todos trabalham juntos. Todos ajudam. Posso ver uma imagem de cinco ou seis de nós nos primeiros dias da syzygy trabalhando até muito tarde no escritório. Nossos dois primeiros programadores estavam debruçados sobre os teclados, com hambúrgueres e batatas fritas gotejando gordura por toda a parte. Eles tinham sorrisos contagiantes enquanto codificavam alegremente ao longo da noite, e estávamos todos felizes, unidos em nosso propósito. O equivalente empresarial de um jantar familiar na cozinha de madrugada.

Como você escolhe os primeiros funcionários? É decisivo fazer essas contratações de modo correto. Se escolher os funcionários errados, você pagará com trabalho insatisfatório e contagiará a empresa com uma vibração emocional ruim. As pessoas sabem mais rapidamente quando você tomou uma decisão errada.

Como Peter Christiansen afirmou: "É muito difícil perceber que você tem pessoas medíocres. As brilhantes são fáceis de reconhecer".

Escolha pessoas "originais". Selecione pessoas que são brilhantes e não apenas boas. Sempre que você selecionar alguém especial, haverá um efeito extraordinariamente explosivo na empresa. Os talentos e as habilidades desses profissionais estimulam todas as operações de modo exponencial. Eles enxergam coisas que você não vê. Inspiram de modo que você não pode reproduzir. E devem ter o mesmo valor dos fundadores. Precisam ter determinadas características emocionais. Ser pessoas que enxergam o mundo por meio do "copo metade cheio". Devem ser generosas e não egoístas. Devem trazer energia, entusiasmo e determinação para tudo que fazem.

> Selecione pessoas que são brilhantes e não apenas boas. Sempre que você selecionar alguém especial, haverá um efeito extraordinariamente explosivo na empresa.

Elas criarão para você se tiverem talento natural, e se você deixar esse talento se desenvolver. Você não pode reprimir ou limitar os comportamentos naturais delas. E tem de cultivar isso. As famílias fortes se apoiam nos bons e nos maus momentos, é assim também nos primeiros dias de uma nova empresa. Você tem de fazer um esforço extra em relação aos seus funcionários quando eles precisam de seu apoio. Lembro-me de que

Paul, um gerente de projeto, me fazia perguntas durante o dia inteiro, extraindo meu conhecimento. Em alguns dias, era cansativo, e eu não tinha tempo para fazer o bastante de minhas tarefas; sentia que ele estava passando dos limites, mas investir em Paul recompensou conforme ele assumiu rapidamente novas responsabilidades e novos problemas. Seu interesse e sua disposição para aprender era um valor muito forte na empresa, e ele se tornou um amigo para toda a vida. Todos nós partilhávamos a determinação para aprender, experimentar e ser melhor, e isso tem valor real em uma nova empresa. Você tem de continuar experimentando, já que ainda não encontrou seu ritmo natural.

Greg Hadfield, cofundador da Soccernet, afirmou: "Era estranho com Tom. Quando ele tinha 12 anos, eu era implacável em representar o pai e o cartão de crédito do filho de 12 anos. As pessoas queriam essa história. Tom trabalhou muito para começar. Havia uma tensão, porque eu não tinha o talento e Tom não queria ser meu empregado. Aos 17 anos, ele foi para Davos. No fim, permiti que ele levasse uma vida normal de adolescente!".

Você também tem de dar um tempo para assegurar que todos estejam pensando da mesma forma e entendam aonde a empresa está tentando chegar. Isso dá a oportunidade tanto para o trabalho concentrado como para a diversão. Lembro-me de que na syzygy, nos primeiros tempos, alugávamos uma casa barata, mas incomum, com a própria pista de boliche, por alguns dias, para uma pequena equipe. A primeira noite propiciava a inevitável sessão de intimidade. Era pontuada por muita bebida e boliche e, depois, alguém vomitava sobre os pinos de madeira do século 20. Esse tipo de evento supre a empresa com sua história inicial. Essas histórias se tornam folclore corporativo aprimorado ao longo do tempo. As pessoas que estavam ali têm prazer em relatá-las e as pessoas que entraram depois na empresa gostam de se sentar ao redor da "fogueira" para escutá-las. Assim, desenvolve-se uma cultura forte, e as culturas constroem empresas de sucesso.

> Você também tem de dar um tempo para assegurar que todos estejam pensando da mesma forma e entendam onde a empresa está tentando chegar.

Nos meses bons, a família cresce e todos prosperam, mas, como em todos os dramas humanos, há altos e baixos. Primeiro, um dos melhores funcionários quer ir embora. Você ainda não tem tamanho ou conjunto completo de oportunidades comerciais para segurá-lo, já que ele quer aprender rapidamente. Não há nada que você possa fazer, exceto desejar o bem dele e se lembrar das boas coisas que ele fez para ajudá-lo a avançar. E, então, há os desacordos a respeito da estratégia, aquilo que é importante e aquilo que não é. Às vezes, ser transparente não lhe dá as respostas que você quer. Lembro-me de uma reunião de dez membros da syzygy nos primeiros dias. O plano era colocar todos caminhando na direção correta, mas a verdade era que alguns dos funcionários queriam seguir uma direção diferente. No fim, eles deixaram a empresa, um após o outro. Era como um divórcio. Quando três pessoas saem de uma nova e minúscula empresa, isso furta muito conhecimento e muita história cultural. Pode parecer uma bofetada paralisante. Tanto esforço desperdiçado, mas você tem de continuar. A família precisa seguir adiante.

Ocasionalmente, os primeiros funcionários não conseguem evoluir com a empresa, como Seb James, da Silverscreen, afirmou: "Há uma diferença entre do que você precisa e o que você pode se permitir. Você acaba com pessoas que não deve ter. Nosso diretor de operações foi capaz de cuidar de cinquenta lojas, mas, depois, não conseguiu ir além. Tivemos de mandá-lo embora. Era uma traição, apesar de não termos outra alternativa".

Assim, à medida que você evolui, ajuda ser muito claro a respeito das funções, para encontrar as pessoas certas e gerenciar o desempenho de perto. William Reeve, da LOVEFiLM, diz: "Absorvemos a gestão quando assumimos o controle das empresas. Começamos recrutando profissionais, incluindo o presidente. Depois, recrutamos todos os outros diretores. Valorizei a gestão de pessoal. Tínhamos gestão por objetivos e salários associados ao desempenho. Era um sistema trimestral de gestão de desempenho. É um pouco burocrático, mas é transparente e funciona".

Algumas vezes, a cultura cultivada inicialmente se torna uma grande barreira para o crescimento, como Sue van Meeteren, da Jigsaw, declarou: "O marido de Ann chama isso de República Democrática da Jigsaw. Por seis ou sete anos, tudo era decidido por decisão da maioria. Estávamos nos rebelando contra a Research International. Nenhuma hierarquia. Mas, no fim, não estava dando certo. E, aos poucos, pegamos de volta o poder". Isso exige atenção constante para arrebanhar a família na direção correta e para mantê-la avançando.

> Algumas vezes, a cultura cultivada inicialmente se torna uma grande barreira para o crescimento.

Isso pode se tornar duplamente difícil quando os pais discutem. Eles têm discussões brutais na frente dos filhos. Não é bom para ninguém, mas é frequentemente o modo como ocorre. Lembro-me de John Hunt e eu discutindo energicamente a respeito do novo site da syzygy na noite de Natal. Ninguém do escritório podia acreditar que tanta raiva e ansiedade podiam estar presentes quando tão poucas pessoas estavam consultando o site naqueles primeiros dias de internet. Em retrospectiva, era algo desproporcional, embora isso aconteça nas famílias.

É importante aproveitar as diversas forças de todos e utilizá-las apropriadamente, e, nesse caso, há diferenças, como Bill Gross, da Idealab, afirma: "As mulheres empreendedoras têm intuição muito boa sobre as pessoas, quando estão mentindo ou não estão sendo éticas. Os homens empreendedores podem aprender observando como as mulheres agem. Não sei o que é, mas as mulheres em nossa empresa têm intuição muito forte, que acaba sendo correta. Talvez elas observem mais a linguagem corporal das pessoas e como ela corresponde com o que dizem. Não sei como é de fato, mas as mulheres são melhores nessa área".

A verdade é que essa distinção funciona em ambas as direções: os homens dispõem de habilidades que as mulheres se beneficiariam aprendendo ou usufruindo mais delas. Bill Gross diz: "Os homens têm a tendência de dizer coisas com tanta autoridade que convencem as pessoas; levam as pessoas com eles. No final, você ainda se pergunta como fizeram isso. Às vezes, as mulheres são tímidas e não utilizam essa convicção para convencer as pessoas. Podiam ser melhores se tivessem esse estilo assumido".

E, ocasionalmente, há eventos com os quais você nunca pode contar, como a morte.

"Quando o baterista da Feeder se matou, foi horrível. Orgulhava-me de ter construído uma família. Eu não era o tipo que queria ficar de fora dos eventos da indústria. Guiei nossa família através da estrada supercongestionada da indústria da música. Era nosso veículo. E, então, diante de nós, a pior coisa que podia acontecer, aconteceu: um suicídio. Senti que nós o desapontamos. Isso nos matou na estrada. Tive de recomeçar. Tive de ser corajoso em face da adversidade. Com trabalho duro, superamos as dificuldades. Todo meu treinamento militar entrou em operação", afirmou Matthew Page, empresário da Feeder.

Claro que em outras ocasiões, vocês todos estão celebrando sucessos e vitórias iniciais. São os primeiros marcos da empresa. Proporcionam o alimento que a família nascente lembrará com orgulho à medida que a empresa cresce.

Então, quais lições você deverá se lembrar se quiser criar essa família vencedora?

1. Faça um esforço extra em relação a cada membro da família. Da mesma forma que os pais não devem ter filhos favoritos, você deve apoiar todos os seus funcionários. Ache tempo para responder às perguntas deles, dê-lhes o treinamento necessário e lhes proporcione apoio emocional. Eles retribuirão dez vezes mais.

2. Crie uma unidade, uma equipe, uma família. Passem juntos algum tempo fora do trabalho. Estimule-os a se apoiarem mutuamente. No devido tempo, eles assumirão responsabilidades e deveres em relação a assuntos que você nunca imaginou.

3. Torne-os parte da história. Delegue poderes a eles. Dê-lhes responsabilidades além da idade e do talento que têm. Deixe-os ser heróis.

4. Entregue as coisas que você lhes prometeu; caso contrário, não prometa nada. Eles não necessariamente esperarão muito; afinal, vocês estão em uma nova empresa. Mas, se você fizer gestos extravagantes, é melhor guardar segredo.

5. Mande embora se alguém não se encaixar, para proteger a família. Seja implacável em seu foco de manter a unidade central feliz e ajustada. Vocês são os leões, e essa é a sua selva.

Capítulo 18

No vermelho ou no preto

COMO VOCÊ ENCARA O FATO DE ARRISCAR SEU DINHEIRO?

"Você não pode continuar gastando. Tem de chegar a um número final de quanto pretende investir e não passar disso. Você não pode gastar todo o dinheiro da nossa casa. Não é justo."

Era um domingo quente. Eu estava jogando críquete em um belo campo, e era impossível não se sentir bem com o mundo. No entanto, essa lamentação de Jo, minha mulher, trouxe a aflição de volta à minha lembrança. Mesmo a bela jogada que havia acabado de fazer desapareceu da minha mente. Os pensamentos de energia juvenil se dissiparam, enquanto o medo a respeito do dinheiro que evaporava lançou uma longa sombra durante os minutos finais do jogo. Jo tinha razão. Você não pode continuar gastando. Não pode estender o limite diversas vezes. Tem de haver uma quantia limitada de dinheiro para investir em uma ideia, mesmo se for mais do que você afirmou originalmente. Se não conseguir obter o resultado desejado, você deverá parar. Você pode dizer: mas estava tão perto... Essa experiência deve levar ao próximo estágio: o investimento que eu sei que posso conseguir.

Comecei com um valor que estava preparado para gastar. Era muito dinheiro; uma soma de seis dígitos. Estava pronto para renunciar à minha função de presidente de empresa e ganhava uma soma de seis dígitos. Mas nunca imaginei que não obteria o financiamento que sabia que precisava. Era apenas uma questão de tempo. Era confortável gastar o dinheiro; era um investimento no futuro. Eu sabia que teria sucesso.

Mas, naquele momento, o dinheiro havia acabado. Tínhamos ganhado algum ao longo do caminho, mas não o suficiente. Eu havia chegado ao fim do caminho. E coincidiu com a maior recessão de nossas vidas. Droga, que momento difícil! Você não pode trocar de cavalo depois que se pôs em marcha.

Nos primeiros dias do projeto, não havia considerado gastar o dinheiro, porque, para assumir essa aposta, maturei a decisão por um longo período de tempo. Curiosamente, ficava muito feliz pagando contas em uma manhã tranquila de domingo enquanto escutava música clássica. Mas, à medida que o tempo passava, comecei a me ressentir de desembolsar dinheiro para outras pessoas e não desembolsar nada para mim mesmo. O que me parecera tão brilhante — ou seja, investir a maior parte do dinheiro e ter a maior parte do controle acionário — agora me enfurecia, porque pagava um salário todos os meses para Nick, meu sócio. O tempo passava e as coisas levavam mais tempo que o imaginado, como sempre, mas eu tinha confiança de que conseguiria o dinheiro. Assim, não entrava em pânico. Só quando havia gasto 80% do dinheiro é que o medo começou a se manifestar. Eram dois tipos de medo, ambos arrepiantes e incessantes. O primeiro era o medo de que eu havia desperdiçado muita energia, dinheiro e paixão, que poderia ter sido mais bem aplicado em outra coisa. Talvez eu pudesse ter feito melhor investimento financeiro, talvez melhor investimento de esforço, talvez melhor investimento na carreira. O segundo tipo de medo era que eu podia ter de gastar acima de meu limite. Quanto era isso e como eu enfrentaria a situação?

Esse é o problema: você investiu tanto que não quer desistir. Acredita que só com um pouco mais de investimento chegará lá. Realmente isso é verdade quando é seu dinheiro. Quando outra pessoa investe o dinheiro, é simples. Se ela desistir, você "morrerá"; mas se você for o único investidor, só você poderá desistir. Só você controla o seu destino. É só um pouco mais. E, então, você olha ao redor e enxerga apenas mesas de roleta e as probabilidades de obter o resultado desejado. É uma adição. Você sente necessidade de alimentar, de continuar, de manter vivo o seu sonho. Mas, como em todas as apostas, há um tempo e um espaço, e você só pode gastar xis.

Gastei o dinheiro muito mal. Você não precisa gastar 20 mil libras esterlinas em uma identidade de marca que jamais usa porque mudou o nome. Como eu pude ser tão estúpido, e o que eu faria agora por aquelas 20 mil libras esterlinas? E o que dizer da última pesquisa de mercado que nunca analisamos? Uma das primeiras coisas que você precisa aprender é economizar. Você pode ter economizado algum dinheiro para fazer isso, mas é irrelevante. Ele está em sua carteira agora e não na de outra pessoa. Não gaste dinheiro em coisas, a menos que você tenha certeza de que precisa delas. E não gaste dinheiro com pessoas, a menos que você precise fazer isso com certeza. Deixe que as pessoas suem por você, como você está suando pessoalmente. Pense e repense se há outra maneira de alcançar o que quer sem gastar dinheiro. Antecipe as coisas de que precisará e se dê um tempo para achar meios mais baratos de pagar por elas. Sua capacidade de ser inteligente em relação ao modo como gasta o dinheiro ajudará você a lidar com a aposta em seu bebê.

> Mas, como em todas as apostas, há um tempo e um espaço, e você só pode gastar xis.

> Sua capacidade de ser inteligente em relação ao modo como gasta o dinheiro ajudará você a lidar com a aposta em seu bebê.

Você não está sozinho. Perder dinheiro é uma grande lição para um empreendedor. Como Nick Wheeler, da Charles Tyrwhitt, declara: "Investi 70 mil libras esterlinas e perdi. Percebi que você não pode fazer as coisas como se fosse um investidor de risco. É muito fácil gastar o dinheiro que você não ganhou. Assim, eu simplesmente me acalmei, como uma tartaruga. Nos primeiros anos, vivi com nada. Você é capaz de viver com nada".

John Bates, professor-adjunto de empreendedorismo da London Business School, afirma: "As pessoas devem passar pela expectativa de perder dinheiro. O retorno médio na primeira fase de uma empresa é 0%. Eis por que nem mesmo os investidores de risco investem nessa fase".

Em segundo lugar, procure por alternativas para tudo. Previna-se de que a primeira parte de seu investimento não proporcione exatamente do que você precisa. Você terá necessidade de mais dinheiro ou de mais recursos. Concentre-se em estender sua pista de decolagem e em se dar espaço extra para manobras. No fim, se você não obtiver mais dinheiro para investir, precisará de rotas alternativas. Deverá achar uma maneira diferente de seguir adiante. Podem ser investidores ou sócios que fazem coisas para você, em troca do controle acionário ou de uma parte dos lucros futuros. Novamente, sua capacidade de forjar soluções diferentes lhe dará alguma satisfação nesse tempo traumático.

E não suponha que isso gerará exatamente o que você planejou. Como Janie Brown afirmou: "Basear a educação de seus filhos em compradores volúveis é uma coisa ridícula. Eu fiz isso, mas não voltei atrás".

Estava na situação enfrentada por diversos empreendedores. Não tinha dinheiro para continuar avançando como precisava, mas sabia qual devia ser o próximo movimento correto. O problema é que sem investimento eu estava em lugar nenhum e, assim, obter investimento sem progredir era difícil. Uma clássica situação desagradável. Eu estava muito perto de conseguir. Um dia antes, Olivier, financista empresarial e colega da Edengene, a consultoria de estratégia e inovação que dirigi, tinha repetido para mim as palavras que lhe disse alguns meses antes: "Concordo que alguém vai ganhar muito dinheiro com o que você está fazendo; a questão é se será você!" Que lenço vermelho para um touro. Eu tinha de achar o dinheiro. Eu tinha de conseguir o financiamento. Eu tinha de achar um caminho. Olivier havia me pressionado. Ele disse: "Vá e levante o dinheiro primeiro entre seus amigos e familiares; eles são aqueles que acreditam em você. Faça isso. Eles não se importam em investir 20 mil libras esterlinas em você, mesmo se você acabar perdendo tudo, desde que dê o seu máximo". Mas eu estaria num jogo diferente, arriscando o dinheiro de meus amigos. Em 2000, isso aconteceu comigo, quando vendi a syzygy na Bolsa e ganhei muito dinheiro. Tanto meu irmão como meu pai investiram muito dinheiro no lançamento das ações na Bolsa e, por causa do colapso das empresas ponto-com, os dois perderam dinheiro, apesar de eu e meus sócios ganharmos muito. Ninguém se sente bem com isso.

Em terceiro lugar, reduza o risco financeiro ao máximo. William Reeve, da LOVEFiLM, disse: "Em minha primeira empresa, um instituto de pesquisa, não tínhamos dinheiro. O negócio já estava em seu primeiro ano e éramos uma equipe de sete ou oito. Decidimos realizar uma conferência. Para isso, tínhamos de investir 50 mil libras esterlinas antecipadamente. Se fracassássemos, teríamos de fechar. Mas, na ocasião em que assumimos o compromisso, havíamos reduzido muito o risco, pesquisamos de modo complexo e elaboramos um plano muito detalhado que tínhamos muita confiança que funcionaria. E, pelo que se viu depois, funcionou".

Às vezes, isso significa ir mais devagar do que as pessoas dizem. Como Jo Fairley, da Green & Black's, afirma: "Passamos por algumas crises financeiras sérias. Sabíamos que a empresa valia alguma coisa e que não fracassaríamos. Era sempre o fluxo de caixa. Era ter de financiar um estoque muito grande. Provavelmente, um crescimento de 20% a 30% é sustentável. Todos acham que um crescimento de 100% ao ano é fantástico, mas você passará muitas noites sem dormir". Pode ser contrário à intuição, mas crescer mais lentamente e de maneira mais controlada lhe dá mais opções. Se você não tiver financiamento externo, o requisito do fluxo de caixa pode se tornar um grande problema. A Green & Black's poderia ter sobrevivido por conta própria por mais tempo sem participações externas se os requisitos de fluxo de caixa não tivessem ficado tão extremos.

Finalmente, acredite. Essa emoção desempenha um papel muito importante em diversas partes da vida do empreendedor. Como Ingrid Murray afirmou: "Não acho que muitas mães separadas com quatro filhos teriam se arriscado do jeito que me arrisquei, mas tinha de ser fiel a mim mesma. Eu havia gasto de 70 a 80 mil libras esterlinas que não tinha. O maior custo é que não tinha ganhado dinheiro por um ano. Mas sou movida a tarefas. Posso ver isso. Estou vivendo o sucesso, mas estou preocupada que possa não funcionar... Ouso acreditar que funcionará. Essa foi a primeira coisa que fiz, e acho que o *timing* está correto. Assumo mais riscos do que a maioria das pessoas. Estou iludida".

> Você precisará combinar certeza com crença se realmente quiser explorar todas as oportunidades. Isso pode significar assumir alguns riscos.

Você precisará combinar certeza com crença se realmente quiser explorar todas as oportunidades. Isso pode significar assumir alguns riscos. Como Claire Mason, da Man Bites Dog, escritório de relações-públicas, admite: "Não gosto da incerteza financeira. Gosto de ter controle. O medo do fracasso é um condicionante forte. Farei o que for necessário para evitá-lo. Você pode sustentar que nossa curva de crescimento e lucratividade foram um pouco perfeitas demais, o que significa que não estou assumindo riscos suficientes. Provavelmente, precisamos de um pouco de drama".

Há sempre compromissos que têm de ser assumidos quando dinheiro e novas empresas estão envolvidos. A coisa básica é achar um modo de continuar progredindo, porque isso alivia seu estresse e demonstra a você e aos outros que vale a pena continuar.

Há maneiras de aliviar parte do medo e do estresse e de enfrentar melhor sua aposta no futuro:

1. economize desde o primeiro dia. Considere que você ficará sem dinheiro. Não pense que conseguirá algum dinheiro. Considere que você precisa guardar dinheiro e ser o mais rígido possível. Sei disso agora, já que não agi dessa forma. Sou um gastador por natureza e não um poupador. Essa é uma mistura ruim para um empreendedor que começa a própria empresa. Assim, aprenda a mudar;

2. aproveite os recursos gratuitos que existem *on*-line para os empreendedores, desde *softwares* de todos os tipos para planilhas, gerenciamento de projetos e prestação de contas até treinamento, seminários etc;

3. trabalhe nos indicadores básicos de sucesso financeiro desde o primeiro dia. Considere que você precisa ter diversas rotas de fuga e opções, e acompanhe todas elas;

4. defina um valor que você está preparado para gastar e adicione uma contingência de 30%. Então, trate de não gastar mais do que 50% da quantia básica, sem a contingência. Depois, se gastar a quantia original mais rapidamente do que havia imaginado, você ainda terá uma folga considerável. Dez por cento não é suficiente;

5. concentre-se nas vendas desde o primeiro dia. Procure obter receitas desde o início. Isso faz o sol brilhar e mantém distante o vento frio do desespero.

Capítulo 19

Matando seu bebê

COMO VOCÊ SABE O MOMENTO DE PEDIR UM TEMPO SE A SUA EMPRESA NÃO ESTIVER FUNCIONANDO?

O velho ditado "as aparências enganam" pode ser tristemente relevante para a sua posse mais estimada: sua nova empresa.

Às vezes, a melhor coisa a fazer é matar esse bebê, essa empresa recém-nascida. Se ela não estiver funcionando, e se não for funcionar, você não deve perder tempo: seja misericordioso e liquide o animal ferido.

Assim que se tornou evidente que recuperar a NetForce, o escritório francês da syzygy, não seria fácil, se não impossível, não havia motivo para esperar. Era muito difícil tomar essa atitude, depois de todo tempo investido em comprar a empresa e trabalhar com ela. Mas quanto antes tomássemos a decisão, melhor seria. A empresa foi vendida para o diretor geral francês, e ele também não conseguiu fazer a empresa decolar.

O problema é que, muitas vezes, você pode claudicar, sem ganhar, sem perder dinheiro. Você não teve recursos e autoconfiança suficientes para conduzir a empresa a um novo patamar, ou o mercado pode estar muito negativo. De qualquer forma, é emocional e psicologicamente exaustivo. Então, é melhor que você feche a empresa.

> Muitas vezes, você pode claudicar, sem ganhar dinheiro, sem perder dinheiro.

Mas como você faz isso?

É difícil, eu sei. Você tem de despender horas, dias, semanas, meses e até anos escrevendo planos, conversando com pessoas, vendendo, contratando funcionários. É uma corrida real, muito divertida de vez em quando, muito assustadora outras vezes, e sempre embalada por muita esperança e autoconfiança. É seu sonho. Há também todas aquelas pessoas que se envolveram, com quem você formou vínculos para ajudá-lo a avançar e de quem você se tornou íntimo Sempre que você pensa em ser agressivo sobre isso, acha meios de tergiversar, de tentar outro caminho, de dar uma sobrevida.

Seb James afirmou que, quando a Silverscreen tinha 65 lojas e um movimento de 65 milhões de libras esterlinas por ano, ainda estava sofrendo de hemorragia financeira: "Se você conseguir ver o fogo, poderá prever o dia que vai falir. Se você estiver operacionalmente alavancado, não haverá muito que possa fazer para aliviar o caixa. Até certo ponto, você sabe disso, mas os seres humanos são resilientes. Você acha uma solução. Há modos grandiosos de fazer a fênix renascer das cinzas. Todos nós vivemos com esperança".

A empresa de Seb foi golpeada por três fatores diferentes em meados da década de 2000: o varejo de entretenimento era um conceito morto; os supermercados começaram a travar uma guerra intensa; a internet e o *software* especializado em entretenimento começaram a reduzir a margem do catálogo da Silverscreen; os jornais começaram a distribuir DVDs gratuitamente.

Seb afirmou: "Lembro-me de estar deitado na banheira e me forçar a enfrentar outro dia terrível. Você precisa mostrar para seu pessoal que está tudo bem. Fecha a porta e se tranca com seus sócios para, em seguida, falar sobre planos. Você está continuamente vivendo uma mentira".

No fim, o Apax, um banco de capital de risco, impediu a continuidade do negócio. Alguém tem de fazer isso; quer seja você, quer sejam seus investidores.

Há algumas etapas básicas que você tem de atravessar para matar seu bebê — é como uma adição. Se você não se acostumar com esse fato, poderá enfrentar dificuldades reais:

1. em primeiro lugar, você tem de admitir que seu projeto não funcionará ou que você não é capaz de fazê-lo funcionar. Sim, pode claudicar por algum tempo, mas não há satisfação nisso. É

melhor desistir e fazer outra coisa do que continuar com algo que está fracassando;
2. em segundo lugar, você tem de parar de trabalhar nisso e parar de gastar dinheiro. É como se fosse a versão de uma nova empresa que vai a uma clínica para tratamento de dependentes de drogas;
3. em terceiro lugar, você precisa pensar na possibilidade de fazer outra coisa;
4. em seguida, tem de parar completamente, ou vender seu negócio ou dá-lo para alguém;
5. finalmente, você tem de começar, de fato, a fazer outra coisa.

Ao tomar a decisão de fechar, dedique um tempo para criar algumas coisas produtivas. Por exemplo, Seb e seu sócio, Ernesto, ajudaram muitas pessoas do escritório central a encontrar empregos; isso aliviou a tristeza.

Qual é o momento certo de matar seu bebê?

Se você sentir que está chegando ao fim do caminho, ou se perceber que não está fazendo nenhum progresso, ou se ficar quase sem dinheiro, peça a pessoas experientes, em quem você confia, uma resposta honesta sobre a situação de sua empresa e suas oportunidades. Force-as a dizer o que realmente pensam. Você não quer respostas banais. Quer a verdade, mesmo se não puder lidar com ela. Você precisa saber se elas acham que continuar é uma ideia estúpida. Se elas acreditam que é uma boa ideia, mas você não tem os meios ou as habilidades de fazê-la funcionar. As duas respostas conduzem à mesma conclusão: é o momento de parar aquilo que está fazendo.

Você pode precisar de ajuda para o fechamento da empresa. Como Janie Brown, da Jane Brown Shoes, afirmou: "Fiquei preocupada com Paul. Nós estávamos muito vulneráveis. Na hora H, encontramos nosso conselheiro de negócios. Estávamos pensando em levantar mais dinheiro. Nosso conselheiro disse: 'Parem! Paul, você precisa trabalhar fora dessa empresa. Não vai dar certo vocês dois como sócios'. Ele disse que eu era, acima de tudo, uma designer e não uma mulher de negócios. 'Parem, façam uma pausa e voltem a olhar com um novo olhar'".

Há vezes em que você é capaz de enxergar um caminho, mesmo se for preciso liquidar aquilo em que trabalhou duro por muito tempo e tiver de recomeçar, mas numa direção diferente. Você pode achar um escape à la Houdini, o famoso ilusionista norte-americano do início do século 20, em relação ao seu apuro. Como Matt Norton afirmou: "Foi difícil. Era um alto investimento emocional e financeiro. Em nosso caso, mais difícil porque acreditamos que a proposta do usuário final estava certa. Começamos com controle parental por telefone com um *firewall* SIM, mas não era expansível. Colocamos isso para 'respirar por aparelhos' e direcionamos todos os nossos esforços para um novo foco estratégico. Pegamos os aprendizados e a tecnologia e os reaplicamos para um problema diferente, no mesmo mercado".

É sempre bom saber que você não está sozinho. Mesmo as grandes empresas tomam decisões como a sua, com marcas e produtos. Fazem isso cada vez mais, liquidando seus bebês recém-nascidos e, em certos casos, até mesmo seus jovens talentosos.

> É melhor aprender e recomeçar do que ser arrastado por algo que não funcionará.

Não é algo pessoal. Como os clichês dizem, a maioria dos empreendedores bem-sucedidos cometeu erros, às vezes dezenas de vezes, antes de obter sucesso. É melhor aprender e recomeçar do que ser arrastado por algo que não funcionará.

Então, quais são as lições básicas a aprender?

1. Se for necessária uma lobotomia e você não for o cirurgião certo, não faça a cirurgia. E, se ninguém em quem você confia for capaz de enxergar como funcionará, liquide.

2. Formule a alguém em quem você realmente confia a pergunta direta: devo desistir? Se houver uma resposta direta, escute. Frequentemente, ela está correta.

3. Se você tiver de gastar todo o dinheiro que disse que gastaria e mais algum, pare agora. Não se endivide. Causará um impacto negativo em sua reputação se não conseguir pagar seus credores.

4. Pense muito a respeito de alguém que pode avaliar alguns dos ativos que você criou. Você pode ser capaz de extrair valor disso. Se for tecnologia, peça ajuda a pessoas especializadas. Veja se elas podem elaborar um jeito de extrair algum valor reutilizando sua tecnologia ou seu código. Ou veja se você pode mudar de direção com esses ativos e convertê-los em dinheiro de modo diferente.

5. As pessoas o respeitarão se você tomar uma decisão difícil e objetiva sobre um assunto muito emocional e muitas vezes irracional: a própria empresa. Sinta-se feliz por ser capaz disso. Muitas pessoas não são capazes.

Capítulo 20

Champanhe

COMO APROVEITAR SEU CRESCENTE SUCESSO

"Por que você gastou 900 libras na festa de despedida de Bill se conseguimos somente 5 mil libras em vendas no mês passado?" John estava bastante furioso. O dinheiro era dele e eu havia levado todo o escritório a uma boate de striptease para a festa de despedida de Bill Zissimopoulous, em 1996, e as coisas saíram do controle.

É muito bom celebrar os bons momentos, mas não de modo desproporcional à escala da empresa. Em retrospectiva, John tinha total razão de ficar louco. Meu cartão de crédito corporativo ficou debilitado rápida e sensivelmente.

Assim que as receitas começam a entrar, é fácil se deixar levar, mas vale a pena lembrar que, nesse momento, você acabou apenas de superar a primeira etapa. Só porque você está ganhando dinheiro não significa que precisa torrá-lo rapidamente. A boa notícia é que não precisa ser tão precário. Você está fora da zona de perigo.

A maior parte do tempo, você está trabalhando duro. Eu estava totalmente concentrado no progresso da syzygy e no atendimento aos clientes, como a Boots, mas, de vez em quando, qualquer pessoa pode descarregar sem querer o excesso de energia. Há a tentação de jogar duro e de se exceder quando você trabalha duro. Lembro-me de, em 1999, oferecer uma festa aos

> Há a tentação de jogar duro e de se exceder quando você trabalha duro.

clientes e ficar muito agitado. Nosso cliente mais importante, a Boots, estava ali, e achei que um de seus funcionários estava se sentindo mal. Então, eu o ergui e o joguei sobre o bufê de comida que haviámos montado tão bem. Não consigo me recordar quem ficou mais surpreso: o próprio cliente ou o restante da festa. Estava claro que eu havia passado dos limites. Não que eu demonstrasse grande remorso. Mas, na ocasião, todos nós estávamos eufóricos e aproveitávamos nosso crescente sucesso, com todas as armadilhas normais de ter dinheiro para desperdiçar em bebidas, drogas etc.

Greg Hadfield se lembra de seu filho Tom, de 12 anos, gritando "nós vamos ficar milionários", depois de Greg convencer o *Daily Mail* a deixá-lo lançar o site Soccernet usando os placares de futebol do banco de dados do *Mail*. Era um pouco prematuro, mas é exatamente o que você pode sentir quando as coisas começam a dar certo.

Um termômetro importante em termos de você começar a ter sucesso é o que eu chamo de "taxímetro". É um teste mental simples a respeito de você estar pronto para pegar e pagar um táxi na hora de ir a uma reunião porque é mais rápido, ou, em vez disso, usar o transporte público para não gastar dinheiro.

Quando você começa a ter sucesso, uma tentação imediata é passar a contratar pessoas para assumir parte da carga de trabalho, mas também para acelerar seu sucesso. O desafio é assegurar que você só contratará as melhores pessoas. Como se diz, aja com pressa e não tarde em se arrepender. Certa vez, contratei uma pessoa que eu pagava mais do que eu ganhava, e, no fim, não deu certo. Eu estava desesperado para delegar algum trabalho para outra pessoa, mas você não pode se permitir ser tão afoito.

E essa é a parte crítica dessa jornada, isto é, definir o ritmo certo em relação ao status da empresa. Isso é verdade em todos os sentidos. Uma das consequências irônicas e inevitáveis do sucesso explosivo é que você fica cada vez mais obcecado com o trabalho e o desenvolvimento. De modo estranho, o equilíbrio entre trabalho e vida pessoal piora, em vez de melhorar. Você se sente revigorado e mais preparado para sair e vender os benefícios de sua nova empresa. No entanto, a coisa esperta é trabalhar de modo mais inteligente e não de modo mais árduo. É fácil falar isso, mas é muito mais difícil fazer. O segredo real é identificar que áreas do negócio são mais promissoras e se concentrar nelas. Você precisa ampliar seu sucesso, para que sua posição fique mais sólida. Enfoque o parceiro ou o cliente, e torne algo ainda maior, em vez de tentar algo novo. Desenvolva a partir de seus sucessos iniciais, porque isso faz você se sentir emocionalmente mais à vontade. Potencialize suas habilidades agora e de modo rápido em vez de achar que conquistou o mundo.

Utilize suas relações-públicas para continuar a reforçar cada movimento. Quando ganhar um prêmio ou um novo cliente, aproveite essa notícia para criar uma história contínua de sucesso. As pessoas gostam do sucesso, e isso gera mais interesse e mais dinheiro. Histórias apócrifas são contadas, e elas são ótimas para publicidade.

De vez em quando, a vida é ingrata.

Você pode desenvolver com sucesso uma empresa e, então, uma recessão pode liquidar tudo. Isso não necessariamente significa que você agiu errado. Talvez seja verdadeiramente a economia, e você não tem controle sobre ela. Mas você pode tomar decisões difíceis rapidamente. Se precisar demitir pessoas, demita. Faça isso de modo responsável e faça muito bem, mas faça. Não se deleite com glórias passadas à custa do senso comum. Sei disso muito bem; levei muito tempo para cortar o número de funcionários depois de vender a syzygy na Bolsa de Valores e não cortei a quantidade suficiente, por isso tive de fazer um segundo corte. Fui ingênuo. Ainda estava me deleitando com a própria autoconfiança depois de um lançamento de ações bem-sucedido.

Nesse momento, você espera não enfrentar mais nenhum problema. Tudo está indo bem, mas como Janie Brown afirma "as pessoas não falam a respeito de lidar com o sucesso rapidamente. Paguei um sinal por nossa casa. Tudo parecia gratificante e em crescimento. Mas as condições mudaram. Tinha de 4 mil a 5 mil pares de sapatos em uma fábrica. Disseram que haviam fabricado esses sapatos, mas deram meia-volta um mês antes da entrega e revelaram que precisavam de 250 mil libras esterlinas adiantadas ou não entregariam a mercadoria. Não haviam feito nenhum par. Os fornecedores podem ser não confiáveis e os compradores podem se tornar tiranos. Se decidirem não ficar com a mercadoria, não pagarão, independentemente dos contratos. Se você não for uma marca global, poderá ser tratado de modo apavorante. O que falhou é que nunca tive conhecimento ou instrumentos suficientes para gerenciar uma empresa. Quando Dawn Mello comprou minha primeira coleção e a colocou no melhor lugar de sua seção na Bergdorf Goodman, não entendi o que ela quis dizer quando afirmou: 'Você vai precisar de toda ajuda que puder receber'. Não sabia o que significava ajuda. Devia ter consolidado uma equipe e levantado dinheiro. Enquanto estava ganhando dinheiro, ainda devia ter levantado algum investimento".

É sensato continuar esperando o inesperado, mesmo em sua vida pessoal. Como Ingrid Murray, da Ninah Consulting e da WeBuyNearby, afirma: "As mulheres podem supor que eu, como mulher bem-sucedida, ache chata uma conversa chocha, enquanto os homens conversam comigo como se eu fosse um homem. Essa situação me coloca em terra de ninguém. Mãe protetora e provedora racional, uma combinação de papéis evolucionários".

Jo Fairley teve de se adaptar ao inesperado em sua vida pessoal. Ela revela: "A empresa começou em nossa casa. No fim, ocupou todos as dependências, exceto nosso quarto. Para jantar na minha casa, tinha de reservar o recinto".

Quando seu sucesso crescer, aproveite os bons momentos e certifique-se de que as pessoas próximas estão aproveitando esses instantes com você. Saboreie-os enquanto assiste a CNN ou a CNBC, ainda que seja às seis da manhã. Leve seus funcionários para um bar. Lembro-me de ter levado os sessenta funcionários do escritório londrino da syzygy depois de um ano de muito sucesso para celebrar o Natal em um restaurante, e fiquei muito feliz. Foi uma sensação incrível. Fiquei em pé para discursar, para agradecer a todos pelo trabalho duro, e alguém colocou um capacete viking sobre a minha cabeça. Senti-me como se tivéssemos conquistado o mundo e que o espólio estava ali para ser possuído e desfrutado.

Quando finalmente obtive financiamento para a You Wish, permiti-me o luxo de programar férias. Só o fato de sonhar em estar em uma praia novamente, depois de dezoito meses sem férias, era maravilhoso. Havia admitido como ponto pacífico que eu teria férias intermináveis, porque isso é o que eu sempre havia feito. Quando você trabalha em alguma coisa e ela

> Quando seu sucesso crescer, aproveite os bons momentos e certifique-se de que as pessoas próximas estão aproveitando esses instantes com você.

acaba bem, mesmo que de modo completamente diferente daquele que você esperava, você deve dar um tempo e trazer de volta os ornamentos normais da vida empresarial, como férias.

Mark de Wesselow, confundador do Square Meal, afirmou: "Quando você começa, não fica eufórico com a noite de sexta-feira, mas não fica deprimido com a manhã de segunda. Agora que estamos mais amadurecidos, as euforias às sextas-feiras começaram a reaparecer. Trata-se daquilo que alcançamos naquela semana".

Quais lições você pode aplicar quando começa a ter sucesso?

1. Controle seu caixa. Pode parecer óbvio, como algumas coisas ligadas aos negócios são de fato, mas, quando você deixa a pobreza para trás por um tempo, é muito fácil esquecer isso. Certifique-se de que você tem dinheiro no banco antes de gastar, especialmente como pequena empresa.

2. Utilize relações-públicas para criar uma história de sucesso para você. Não espere pelo sucesso; promova as próprias histórias. Crie uma história corporativa para a sua empresa.

3. Recompense as pessoas que trabalharam duro para você. Não se esqueça delas agora que você está dando certo.

4. Permaneça focado. Não se estenda além do limite, quer emocionalmente, quer nos negócios. Siga pelo mesmo caminho até saber que está realmente seguro.

5. Crie uma proteção. Tenha dinheiro extra, capacidade ociosa ou equipe mais forte. Invista em seu futuro. Você está só em uma parte do caminho.

Capítulo 21

Saindo do buraco

COMO SOBREVIVER A UM ACIDENTE EMPRESARIAL

"Quando acabou, achei que estava ferrado. Achei que nunca voltaria a trabalhar, porque havia uma mancha terrível na minha carreira. Todos puderam ver meu fracasso, e senti como se tivesse a palavra 'perdedor' tatuada em minha testa".

Foi assim que Seb James descreveu seu sentimento depois do fim da Silverscreen.

É horrível ver como alguns empreendedores acabam com tantos problemas, quando tudo que quiseram fazer foi trabalhar duro e ter sucesso. Quando escutei um empreendedor dizer "não devia pedir esmolas. Não enquanto ainda estou ganhando dinheiro. É uma fraude. Podia ser preso, mas preciso de mais dinheiro para pagar as contas. Vou levar anos para sair desse 'negócio furado'. Deus, o que eu fiz?", eu senti calafrios.

Quando sua nova empresa entra em colapso, e você enxerga o fundo do poço, a única coisa que pode pensar é como sobreviver, como proteger as pessoas que ama. Você pode estar com problemas financeiros e, sem dúvida, enfrentará problemas emocionais. A sobrevivência é um instinto muito poderoso e simplesmente assume o comando. Você faz coisas que nunca pensou que fosse capaz. Vi pessoas recorrerem a diversos tipos de crimes para escapar de seus apuros financeiros. Você pode simplesmente começar com a ideia de sonegar os impostos e progredir a partir daí. Afinal, não conheço ninguém que relute em não pagar impostos, principalmente se não tiver dinheiro.

Para outras pessoas, são as bebidas, as drogas, os casos extraconjugais ou até uma fuga completa do mundo e das pessoas conhecidas. Nenhuma dessas coisas é especialmente de grande ajuda, mas, na própria bizarrice, você pode acreditar que elas o estão ajudando a lidar com o estresse.

Ao deixar a syzygy, depois de seis anos, e de tê-la construído e vendido na Bolsa de Valores com sucesso, senti-me desiludido com os acionistas. Senti que haviam dado tempo aos outros membros do conselho de administração, mas haviam me abandonado porque eu tinha uma visão diferente a respeito de aonde a empresa devia ir. Precisei de dois anos para voltar a me sentir emocionalmente forte. Nesse tempo, viajei ao redor do mundo, em uma orgia de excessos sem interrupção — estive no Rio, em Bali, em Tóquio, em Xangai, em Los Angeles, em Nova Orleans, em outras cidades. Fiz tudo que pude para aproveitar a vida. Enlouqueci. Mas estava infeliz. Ressentia-me amargamente por não estar mais na empresa, ainda que continuasse sendo um acionista significativo.

Um movimento errado pode levar a outro, e cada decisão gera mais problemas. A vida é como uma árvore de decisão: cada passo tem outra consequência e dificulta a volta ao lugar em que você começou. Depois que deixei a syzygy, não quis voltar a trabalhar imediatamente e recusei alguns empregos fantásticos, que teriam ajudado a me recuperar com muito mais rapidez. Eu era cabeça-dura e estava furioso.

Seb explicou para mim como superou essa fase: "Qualquer pessoa que embarca nessas jornadas insanas tem autoestima baixa. Eu me preocupo acerca do sucesso implícito. Eu me perturbo se terei amigos. Ninguém se preocupa com o que você faz enquanto você tem dinheiro suficiente. Eu fazia trabalho de consultoria e não sofri nenhuma mudança financeira real, mas fiquei muito mal durante um ano. Como se estivesse de luto, fiquei muito deprimido. Os piores momentos são os três dias antes e as duas semanas seguintes. Uma semana depois que quebramos, viajei de férias por uma semana. Quando voltei, pediram para eu não voltar. Fiquei desolado, porque trabalho o tempo todo, e não tinha nada para fazer".

> Como você sai do buraco? Você deve voltar aos conceitos básicos, aos fundamentos da vida.

Saindo do buraco

Como você sai do buraco?

Você deve voltar aos conceitos básicos, aos fundamentos da vida. É como a hierarquia de necessidades de Maslow. Você precisa de tempo para descansar, dormir e se exercitar — coisas que você negligenciou durante muito tempo. Você tem de conseguir algum trabalho fazendo algo que sabe como fazer. Isso lhe trará dinheiro. Você não quer tentar outra coisa nova. Só precisa de algum dinheiro entrando e de alguma estabilidade. É importante obter o agradecimento das pessoas por um trabalho benfeito. É tudo parte do processo de cura. Apenas quando você começar a fazer essas coisas, poderá readquirir a autoconfiança.

É contrário à intuição, mas as pessoas, e principalmente outros empreendedores, aplaudem um colega empreendedor que consegue admitir que não teve sucesso e precisou mudar de posição. É honesto. É adulto. Mostra experiência. Exige coragem. É muito libertador a pessoa ser capaz de dizer: "Aprendi e agora vou partir para outra". A primeira vez que acontece é terrível. Na segunda vez, você tem o consolo de saber que sobreviveu à primeira vez e, assim, se recupera mais rapidamente.

> É muito libertador a pessoa ser capaz de dizer: "Aprendi com isso e agora vou partir para outra".

De vez em quando, é um grande alívio quando a pressão acaba. A vida só volta a se endireitar porque você recuperou algum equilíbrio.

Como Janie Brown afirmou a respeito de sua empresa no final: "O bebê sofreu uma mutação e virou um monstro. Era um enorme monstro necessitado. Eu não tinha vida. Viajava para a China, para a Itália, para os Estados Unidos, sem parar. Percebi que fazer negócios na China era loucura sem minha equipe estabelecida ali. Você será massacrado se ficar por conta própria. Era bem no início da recessão. De repente, todo mundo quis dinheiro adiantado. Havia sentido em fazer uma pausa. Do início da empresa até sua liquidação, o negócio havia mudado drasticamente. Não sentia que era uma crise pessoal. Era um grande alívio e uma necessidade. Costumava trabalhar em meu escritório e via a babá brincando com a minha filha no jardim. Ficava doente por causa disso. Havia tanta paixão, tanto sacrifício. Era muito pessoal, muito intenso. Havia investido muito naquele negócio. Há um senso imediato de desperdício e de perda. Mas essas sensações iam e vinham. Sou muito grata de estar em um lugar mais feliz. Jamais considerei que fechar a empresa seria o fim do meu trabalho.

Não foi. Constantemente penso a respeito de recomeçar. Estou me concentrando nos próprios erros passados, nas imperfeições desse setor e em como simplificar e progredir em virtude das mudanças que naturalmente ocorrem no mercado global".

As lições básicas para qualquer empreendedor que atinge o fundo do poço são essas:

1. não fuja de maneira desonrosa. Não tema o mundo. Converse com ele. Converse com seus amigos e colegas. As conversas o ajudam a avançar e a racionalizar as saídas na própria mente. Você não pode se permitir refreá-las nem mais um minuto;

2. elabore um plano simples para avançar. Descanse durante algum tempo, divirta-se com algo que você goste de fazer e seja bom, e ganhe algum dinheiro;

3. não se amargure com o que aconteceu. Coisas ruins acontecem. Não culpe ninguém, nem se ressinta com o fato de ter perdido algum dinheiro. A amargura é muito destrutiva;

4. não considere o que aconteceu como um fracasso. Considere como uma curva de aprendizagem. Posicione-se de modo que possa refletir objetivamente sobre o que aprendeu a partir dos erros. Assuma o compromisso de não querer repeti-los da próxima vez;

5. admita que você precisa de mais redes de segurança da próxima vez. Talvez você precise de mais apoio financeiro. Talvez você precise de mais apoio emocional. Não há nada de errado em admitir que você não pode fazer tudo e assumir toda a pressão. Podem existir contingências que você precise pôr no lugar antes de começar novamente;

6. admita talvez, como Seb James fez, que ser um empreendedor não era a carreira certa: "O que aconteceu me ensinou que sou muito ruim em começar coisas. É um talento raro ser capaz de começar do zero. Esse processo tem de oito a dez etapas, e é muito difícil que as pessoas possam fazer isso. Aprendi que sou bom em gerenciar grandes problemas complexos".

Capítulo 22

Gol de placa

COMO VOCÊ FAZ UM GOL DE PLACA E DEIXA A FASE NASCENTE DA EMPRESA PARA TRÁS?

"Eu sabia que podia ter sucesso com a Feeder. Não havia plano. Era só perseverança para valer. Trabalhei muito duro para colocar meu cavalo na corrida".

Matthew Page me disse isso muitos anos depois de começar a empresariar a Feeder. Ele teve 23 músicas nas paradas de sucesso.

A declaração de Matthew reflete o ponto crítico da fase inicial de uma empresa nascente. Você tem de fazer um gol de placa. Tem de entrar na corrida. Precisa marcar muitos pontos. Quando Matthew encontrou a Feeder e virou seu empresário, foi seu negócio decisivo na indústria da música. O gol de placa é o primeiro sucesso real da nova empresa. É o primeiro negócio que gera dinheiro. É o primeiro grande sucesso. Basicamente isso significa dinheiro e realização ou publicidade e lucro. Nada mais importa nesse estágio.

Depois da conquista desse primeiro negócio ou marco-chave, você sabe que não é mais uma nova empresa. É uma experiência de mudança. Você pode manter diversos comportamentos de uma empresa nascente, mas, provavelmente, tenta se comportar com mais maturidade, com maior senso de participação. Afinal, está ganhando dinheiro.

A diferença de humor antes e depois desse evento é dramática.

Lembro-me da eSubstance perdendo dinheiro todos os meses. O humor nas reuniões da diretoria ficava cada vez mais sombrio à medida que nosso investimento original desaparecia. Jeffrey, o presidente, manteve-se inflexível em sua perseguição pelas vendas e por uma saída para o desastre iminente.

Certo dia, ele trouxe a oportunidade de comprar uma editora pequena e lucrativa, que publicava a revista de bordo da easyJet, uma companhia aérea do Reino Unido. E nós compramos. O negócio transformou a empresa, e nós nunca olhamos para trás. Consistia em ganhar pontos. Nesse caso, era um lugar totalmente diferente em relação à empresa que havíamos começado. Mas esse é o ponto básico. A maioria das novas empresas acaba ganhando dinheiro a partir de produtos e serviços diferentes daqueles originalmente concebidos. O desafio é ganhar dinheiro e marcar o primeiro gol de placa.

Não se trata apenas de uma vitória financeira. É também emocional. Você sabe agora que terá sucesso. E sucesso gera sucesso. Na syzygy, houve um momento-chave em que conseguimos nosso primeiro grande cliente fixo, a Mars. De repente, esse cliente nos tirou da temeridade constante de pequenos projetos isolados. Logo em seguida, vendemos uma pequena participação para a WPP. Isso trouxe uma segurança financeira evidente, com um investimento em dinheiro na empresa, mas, de modo mais importante, nos trouxe uma sensação de força emocional que uma pequena empresa raramente tem. Quando você consegue isso, pode começar a acelerar seu crescimento e deixar a fase de empresa nascente para trás.

Às vezes, o primeiro gol de placa não é a primeira grande venda ou o momento importante, mas, sim, a segunda venda ou o momento importante, porque isso demonstra que você dispõe de um modelo que pode ser repetido. Por um tempo, a Icomera se esforçou por achar o canal comercial correto para seu produto. Então, fez sua primeira venda para a Linx, companhia ferroviária sueca, a primeira a oferecer acesso *wireless* à internet em um trem. Mas somente quando a Icomera repetiu o modelo com a GNER, no Reino Unido, é que pôde acreditar devidamente que estava livre de problemas. Mas, mesmo assim, ainda não era lucrativa. E esse pode ser o problema com a nova empresa: você pode ter a primeira oportunidade, conseguir o primeiro sucesso, alcançar o primeiro evento importante, mas todos esses elementos reunidos podem não ser suficientes.

Gol de placa

Isso é especialmente verdadeiro em empresas de tecnologia, que, muitas vezes, têm de investir muito tempo, dinheiro e testes para obter seus produtos para avançar.

Você só precisa continuar perseverando. Continuar correndo atrás, até que coisas o bastante estejam dando tão certo para você saber que saiu do buraco.

> Você precisa continuar correndo atrás, até que coisas o bastante estejam dando tão certo para você saber que saiu do buraco.

Mas você precisa manter o foco, como Nick Wheeler, da Charles Tyrwhitt, afirmou: "Quase fali quando perdi o foco. Éramos uma empresa de camisas, gravatas, sapatos e ternos de alta qualidade. Achamos que podíamos conquistar o mundo. Em 1994, compramos seis lojas. Perdemos mais dinheiro em três meses do que ganhamos em quatro anos. Os homens não compram roupas infantis. Tenha foco e tente ser o melhor do mundo no que você faz".

É importante porque, se você não continuar correndo atrás, começará a limitar suas opções e, no fim, será prejudicado. Qualquer empresa precisa sempre continuar se movendo.

Como Matthew Page disse: "Continuei correndo atrás com a Feeder. Não utilizei meu sucesso de forma egoísta. Não caí fora".

Como você faz tudo isso? Como consegue esse primeiro gol de placa?

Você tenta diversos caminhos. Continua experimentando. Testa diversos produtos. Tenta diversas fontes de receita. Se perseverar, achará onde seu produto encontra o maior aproveitamento do cliente. Em seguida, você precisará se preparar para tempos difíceis, para além de fazer funcionar aquele nicho que descobriu. Nesse momento, você deve ter o máximo de foco. Então, precisará continuar até sentir que avançou.

> Você achará onde seu produto encontra o maior aproveitamento do cliente.

Jo Fairley refletiu: "Muitas pessoas sabotam. Sufocam. Impedem a mudança. Mas, se aparecer uma oportunidade, agarro com as duas mãos". Você tem de continuar procurando por esse avanço revolucionário. Até então, você não está seguro. Jo continua: "Em última análise, soubemos que estávamos seguros quando conseguimos o cheque para 75% de nossas ações".

Em um mês, a You Wish obteve duas grandes vitórias. Nenhuma delas estava diretamente ligada à ideia original da You Wish de ser uma *concierge* de serviços gratuita. A primeira vitória, e a mais importante, foi que obtivemos com sucesso uma participação externa para um novo "site de comparação de preços de *white label* (marca própria do varejista)", usando o *software* youwish como núcleo do serviço. A segunda é que lançamos um novo site intitulado *Who Gets My Vote?* com a ITV, antes da eleição geral no Reino Unido. Isso permite que os eleitores do Reino Unido tenham um modo fácil de fazer uma escolha inteligente a respeito de quem realmente querem que governe o país. O eleitor seleciona dez áreas que mais têm importância para ele (saúde, educação, impostos etc.) e, em seguida, uma declaração política específica para cada uma sem saber que partido está promovendo-a. Então, elege-a para ver o partido. Nos dois casos, fizemos isso com parceiros comerciais e usamos empresas maiores como rota para o mercado. Nos dois anos, aproveitamos alguns dos ativos originais da You Wish, quer o *software* ou a ideia, para facilitar aos consumidores a manifestação de suas necessidades. Mas, essencialmente, estávamos em um lugar diferente.

Não é um gol de placa, mas está a caminho. Há outros serviços em desenvolvimento com base no *software* youwish e em conjunto com parceiros comerciais.

Você também precisa continuar se movendo na direção de seu objetivo final. Tem de dedicar um tempo para se colocar em uma posição para maximizar a sua saída final. Isso significa pensar à frente o tempo todo. Como Hugo Dixon, da Breakingviews, afirma: "Fizemos um bom negócio com a Reuters. Ao longo dos anos, decidi não solicitar ofertas. Esperei que as pessoas me procurassem. Mas, se eu tivesse sido mais proativo, poderia ter obtido uma proposta antes, que, provavelmente, teria resultado em um negócio melhor".

Em muitos casos, os grandes empreendedores apresentam certo nível de paranoia. Isso é o que os mantêm despertos e reflexivos sobre suas alternativas. Ajuda-os a considerar outros caminhos e modos de tirar proveito daquilo que começaram. Esse é o dom e a maldição do empreendedor bem-sucedido. Como Nick Wheeler declara: "Você nunca sabe se sobreviveu. É cheio de reviravoltas. Nesse exato momento, estamos 'bombando', mas há três anos podíamos ter falido. Até você não conseguir mais se lembrar dos maus momentos, você nunca sabe".

Ou, como Janie Brown admitiu, e como muitos empreendedores aqui apresentados: "Nunca achei que havia conseguido, porque não enxergava padrões nos números para achar 'tudo bem, sei onde estou'. Sempre me pareceu uma jovem empresa".

William Reeve explicou como pôde ver a solução nos números referentes à LOVEFiLM antes de obter sucesso: "Depois que conseguimos 2 libras esterlinas de lucro por cliente por mês e alcançamos taxas de rotatividade menores que as do setor, soube que podíamos ter sucesso. Ainda precisávamos de mais clientes e de mais capital. Mas você sabe que está livre das dificuldades quando consegue dizer que vai chegar lá".

John Bates afirma: "A maioria das pessoas acha que o gol de placa ocorre quando atinge um volume elevado de negócios, mas é apenas quando a empresa está gerando margens brutas sustentáveis e custos operacionais controlados. Como se diz: volume de negócios é vaidade. Margem é sanidade. Depois que o modelo de negócios foi desenvolvido e refinado e a empresa estiver sustentável, você pode marcar um gol de placa".

As lições básicas de que você precisa se lembrar são as seguintes:

1. identifique seu alvo. No início, muitas novas empresas não o identificam muito bem. Então, continue trabalhando até conseguir. Você não será bem-sucedido como piloto de avião bombardeiro se não souber onde lançar a bomba. Assim, por que esperar melhores resultados de sua nova empresa se você não sabe onde está indo?;

2. invista todos os esforços em alcançar seu alvo, em entregar o que é necessário para fazer acontecer. Não se desvie. É fácil se deixar seduzir por novas ideias que podem tornar algo melhor, mas não tente alcançar o impossível; busque o possível. Mantenha o foco;

3. aproveite tudo para tornar isso possível. Obtenha favores das pessoas. Seja encantador. Use todos os seus poderes agora. É nesse momento que importa. Não perca o jogo quando a vitória está praticamente garantida;

4. deixe claro que vencer é tão importante emocionalmente para você, que você não pode fracassar;

5. busque o segundo gol logo depois do primeiro ter balançado as redes. Continue. O ímpeto inicial será muito importante se você quiser deixar de ser uma empresa nascente rapidamente. Tudo ficará mais fácil quanto antes isso acontecer.

Resumo: Agridoce

VALE A PENA?

Sim. Nada me deteve na primeira vez, e nada me deteve na segunda e na terceira, e quem sabe a respeito do futuro? A satisfação que você tem de abrir o capital de uma empresa na Bolsa de Valores está além das palavras. Toda dor e angústia que você sente ao longo do caminho evapora quando você alcança o sucesso. E esse sucesso é viciante; motiva-o a continuar, a buscar o sucesso repetidas vezes.

Você tem a sensação que pode controlar o próprio destino quando abre uma nova empresa que nenhuma outra situação empresarial pode lhe dar. É brutal. É natural. Parece centrada em torno de seus objetivos pessoais. É um sentimento incrível.

Além disso, seu sucesso como empreendedor é muito mais recompensador do que se tivesse obtido êxito para outra pessoa. Parece melhor. Parece um triunfo real.

A You Wish começou como uma proposta baseada em consumidores: uma *concierge* de serviços gratuita. Mas precisava de financiamento para funcionar, e não consegui esse dinheiro em 2009. Desse modo, interrompi o projeto. Nick arrumou outro emprego, porque tinha de ganhar mais dinheiro, mas ele ainda está ativamente envolvido na próxima etapa de vida da empresa. Em vez disso, reposicionei o negócio para um objetivo baseado em empresas, usando a plataforma *on-line* que havíamos desenvolvido, mas reposicionada para prover grandes empresas com jeito inovador de vender serviços para os clientes. Assim, nos transformamos no You Wish Group. Atualmente, criamos, desenvolvemos e operamos serviços digitais inovadores para grandes organizações, ao utilizarmos nosso *software* proprietário e funcionarmos como agência digital.

Em março de 2010, conseguimos levantar dinheiro para o primeiro de nossos serviços de comparação de preços, incluindo desde marcas próprias de varejistas a marcas consagradas. Lançamos também um serviço diferente, o *Who Gets My Vote?*, com a ITV. É um site que ajuda os eleitores a ver quem realmente querem para governar o país, e estamos procurando licenciar o produto em outros países. Atualmente, temos diversos serviços em desenvolvimento com outros parceiros, incluindo um produto de pesquisa *on-line*. Esperamos lançá-lo no próximo ano.

Reorganizei o negócio para tirar proveito do *software* que desenvolvemos e de parte da ideia original, utilizando-os no modelo de empresa para empresa, em que somos pagos para prover serviços a grandes empresas. Ajudamos essas companhias a vender serviços para os clientes que já existem. Procurei de modo ativo parceiros que agregam conhecimento e credibilidade extras para a nossa proposta. Parece óbvio agora, dezoito meses depois, que a venda para grandes empresas é o que constitui minhas forças. Mas estava determinado a fazer outra tentativa com um site de consumidor para empresa, visando fazer algo novo e diferente. Voltei a fazer o que fazia na syzygy, mas com o *insight* e o aprendizado de muitos anos administrando uma consultoria de inovação.

Diversas vezes, senti que podia fracassar. Apesar de todos os meus esforços, perdi muito tempo ficando assustado e estressado: assustado com o fato de poder fracassar e estressado porque havia gasto muito dinheiro. Fiquei com raiva de haver outro concorrente no mercado, que fazia progressos com financiamento, enquanto nós não. Realmente, dói dizer isso. Mas, em retrospectiva, Nick e eu não tínhamos as habilidades necessárias para fazer nossa ideia original de *concierge* de serviços gratuita funcionar, e não solucionamos o canal para o problema do mercado que tínhamos desde o início, porque a ideia era muito ambiciosa. Essa disparidade dificultou a minha vida. Apenas minha mulher, Jo, realmente percebeu esse problema, e me apoiou durante todo o tempo. Deve ter sido horrível para ela, e ainda não acabou. No entanto, obtive um resultado; não o que eu esperava, ou o que eu imaginava no início. Mas um resultado real. E isso é brilhante.

Resumo: Agridoce

Eu sacrifiquei muitas coisas ao longo do caminho, mas saiba que em 99% do tempo você sacrificará coisas. Alguns empreendedores podem ter sucesso na primeira vez, mas isso é raro. E todos os empreendedores em série que conheci sacrificaram alguma coisa: momentos divertidos na juventude, como Mark de Wesselow, do Square Meal, ou uma vida familiar normal, como Peter Christiansen, da Precious Media, ou Roland Rudd, da Finsbury Communications. É possível que seja também dinheiro, saúde, relacionamentos — algumas das coisas importantes da vida.

Isso ocorre porque ser um empreendedor é uma vida em si mesma; é total e absoluta. É cheia de altos e baixos. É uma jornada imprevisível e não uma linha reta, enquanto as vidas de trabalho de muitas pessoas são bastante estáveis. Elas podem trabalhar duro, podem mudar de empregos ou departamentos, mas a flutuação é mínima e controlada.

E, muitas vezes, o resultado que você obtém no fim da jornada não é o que você ou os outros esperavam no início. Jo Fairley criou uma família um tanto diferente, como ela afirmou: "A Green & Black's era uma grande alternativa a um filho, que cuidaria de nós na velhice". Como William Reeve, da LOVEFiLM, disse: "Sinto-me muito orgulhoso do que conquistei, de criar uma empresa com um volume de negócios de 100 milhões de libras esterlinas e um lucro de muitos milhões de libras esterlinas. Mas me sinto triste de ter uma participação acionária tão pequena, que era melhor me livrar dela. Depois de todo o trabalho duro, é frustrante que minha participação fique cada vez menor. Ainda sou o maior acionista da administração, mas ganharei menos dinheiro do que ganhei em minha primeira empresa, que tinha um volume de 3 milhões de libras esterlinas".

Eis por que começar uma nova empresa é "agridoce"; é uma mistura de sabores contraditórios. É uma surpresa constante: arroz e feijão, num dia, e trufas, no seguinte. Nunca é só uma torta.

Você aprende muito acerca de negócios, mas ainda mais sobre a vida.

Muitos dos pontos a respeito de empresas são muito óbvios quando considerados depois de um tempo e, de fato, não eram novos para mim. Eu só os ignorava. Incluíam coisas realmente básicas: "foco", "conhecimento do cliente", "canal para o mercado". Sou um homem de negócios e um empreendedor melhor por ter vivenciado essas coisas novamente, mas as lições reais são ao meu respeito:

- os altos e baixos de começar algo diferente podem ser insuportáveis. Pessoalmente, percebi que minha tolerância ao estresse é menor do que imaginava. Nunca fui bom em ficar no limbo e passei grande parte da minha vida nele. Mesmo aos 21 anos, filmando com os *mujahidin*, no Afeganistão, me senti estressado e fora de minha competência, mas desesperado para provar que eu era mais ousado que meus colegas de Oxford;
- muito do que faço é motivado por um desejo de demonstrar meu valor, minha inventividade, minha capacidade de conquistar coisas novas e diferentes. Em última análise, para provar meu lugar na sociedade. A maioria dos empreendedores é motivada pela necessidade de provar sua competência a seus pares. Talvez eu não precise voltar a enfrentar tanto estresse para me valorizar. Ser um empreendedor pode ajudá-lo a enxergar com mais clareza o que você quer da vida;
- no futuro, enfocarei minhas forças de modo menos misericordioso. Não tente ser bom em tudo. Seja brilhante no que sabe que é bom;
- muitas vezes, você não tem controle sobre o balanço final do sucesso e do fracasso. O sacrifício e o sucesso nunca são expressos nas proporções esperadas. Assim, você precisa compensar de outras maneiras sua vida. Você não pode só trabalhar!

Nick Wheeler, da Charles Tyrwhitt, afirmou que a "regra de crescimento composto" merece sempre ser lembrada. "Se você começar cedo a manter o progresso, o crescimento composto é sólido". Atualmente, a Charles Tyrwhitt apresenta receitas superiores a 60 milhões de libras esterlinas. A perseverança é tudo. O sucesso é muito mais provável para aqueles que nunca aprovam o fracasso ou não têm saída ou rota de fuga do empreendimento que criaram. Se você estiver comprometido emocionalmente, terá mais chance de obter sucesso. Não é uma garantia total, mas é muito provável.

E agora que tenho meu resultado, minha perseverança voltará a entrar em operação. Para frente e para cima!

E realmente não é para todos.

Nossa sociedade ficou obcecada pelo sucesso, pelo autoaperfeiçoamento e pela celebridade. Tudo consiste em estar insatisfeito com quem você é e com o que está fazendo, e tentar fazer melhor. Todos são estimulados a criar uma empresa, mas nem todos querem e nem todos têm capacidade para tal. Muitas pessoas prosperarão e aproveitarão mais a vida se não criarem uma empresa. Se você quiser, e se criar, você não lamentará a jornada. Precisa entender somente o que está vindo pela frente. E estar preparado. Então, precisa ser capaz de lidar bem com as dificuldades.